ハイエク
知識社会の自由主義

池田信夫
Ikeda Nobuo

PHP新書

JN276270

はじめに

世界の金融市場を、前代未聞の危機がおおっている。現代の金融商品は数学やコンピュータを駆使した「金融工学」によって合理化され、あらゆるリスクは技術的にヘッジされ、世界中の市場がいっせいに暴落するパニックは起こりえないはずだった。今回のサブプライム・ローン危機による株価の値下がり幅は、通常の金融工学の想定にもとづくと「一〇〇億年以上に一度」しか起こりえない異常なものだ。

しかし一〇年前には、同じような全面的危機によって、金融工学の基礎を築いたノーベル賞（正確にはノーベル記念スウェーデン銀行賞）受賞者をパートナーとする投資ファンドＬＴＣＭが破綻した。その一〇年前には「ブラックマンデー」によって全世界の株式市場が同時に暴落した。世界の金融市場では、一〇〇億年に一度のはずの危機が、一〇年に一度起こっているのだ。

このような特異現象を、数学者ナシーム・タレブ［2007］は「ブラック・スワン」と呼び、彼の本は二〇〇七年のアマゾン・ドットコムの年間ベストセラー第一位（ノンフィクション部門）となった。今まであなたが見た白鳥がすべて白かったとしても、それはあす黒い白鳥が出現しないことを保証しないのだ。

通常の金融理論では、すべての市場参加者が完全な知識にもとづいて「合理的」に行動すると仮定し、市場は効率的なので、市場に勝ちつづけることはできないと教える。しかし現実には、年率八〇％以上の高い収益を上げつづけるヘッジファンドがある一方で、ＬＴＣＭのように一夜にして破綻するファンドもある。

このような不確実な世界を正しく予測していた、ほとんど唯一の経済学者としてタレブが評価するのが、フリードリヒ・Ａ・フォン＝ハイエク（一八九九～一九九二）である。彼は生涯を通じて、社会主義と新古典派経済学に共通する「合理主義」と「完全な知識」という前提を攻撃しつづけた。その結果、彼は主流の経済学者からは徹底して無視され、「反共」や「保守反動」の代名詞として「進歩的知識人」から嘲笑されてきた。

しかし彼の死後一五年以上たって、経済学はハイエクを再発見し始めている。合理的な人々の行動を記述する「合理的期待」派のマクロ経済学やゲーム理論が行き詰まり、新古典派理論の根本的な前提である「合理的経済人」の仮説が、「行動経済学」の多くの実験で疑問の余地なく反証された。人々の行動には非合理的な「バイアス」がともない、しかもそのバイアスに明らかな法則性があることが示された。今回のサブプライム危機も、こうした立場からは容易に説明できる。

人々は不完全な知識のもとで慣習に従って（必ずしも合理的とはいえない）行動をするとハイエクは考えた。それは若いころからの彼の一貫した信念であり、社会主義やケインズ的な「計画主義」が全盛だった一九三〇年代に、彼はほとんどたった一人で、その通念に挑戦した。

しかし二〇世紀の最後の四半世紀は、ハイエクの思想が正しかったことを証明した。彼は一九七四年にノーベル賞を受賞し、彼を崇拝するマーガレット・サッチャーやロナルド・レーガンが英米で政権をとって世界の経済政策を大きく変えた。社会主義は崩壊し、ケインズ政策は放棄された。

そして各国政府や電話会社が建設しようとした社会主義的な「情報スーパーハイウェイ」が失敗する一方、ボランティアの技術者たちがつくったインターネットが、一九九〇年代以降あっという間に世界に広がり、サイバースペースにグローバルな「自生的秩序」ができた。これは計画経済に対する市場経済の勝利と似た出来事だった。「不完全な知識にもとづいて生まれ、つねに進化を続ける秩序が、あらゆる合理的な計画をしのぐ」というハイエクの予言を、インターネットは証明したのである。

しかしグローバル資本主義に対する反発も強い。「市場原理主義」を攻撃する自称エコノミストが喝采を浴び、「反グローバリズム」を叫んで先進国首脳会議などを阻止しようとするデモの隊列が絶えない。たしかに現在の世界は不平等と不正と混沌に満ちているが、それを「賢明な政府」が指導すれば、世界は今よりもよくなるのだろうか?

こうした言説は、今から半世紀以上前に、ハイエクが論破したものだ。彼は社会主義経済の不可能性を証明しただけではなく、ケインズ政策や「福祉国家」も含めて、およそ経済を「計画的」に運営することは不可能で有害であることを示したのだ。

現実がハイエクに追いつくには二〇世紀末までかかったが、こうした変化はまだ始まったばかりだ。二一世紀が「知識社会」になるとすれば、その知識が不完全で不合理だということを明らかにしたハイエクの理論は、情報ネットワーク社会の秩序のあり方を考える基礎となろう。

本書は、ハイエクの思想を彼の生涯をたどってやさしく紹介すると同時に、彼の思想が現代の諸問題を考えるうえで重要な示唆を与えることを明らかにしようとするものだ。当初は彼の本を単に紹介するつもりで書き始めたが、最近、彼を学問的に再評価する著書や論文が相次いで出版され、それをフォローするうちに思わぬ時間がかかってしまった。

したがって本書は、こうした最近のハイエク研究の紹介も兼ねている。より深く勉強したい読者は、巻末に示した「読書ガイド」やサポート用のウェブサイトを見ていただきたい。とくに昨年から『ハイエク全集』の新版の刊行が始まった（春秋社刊）。二〇年前にはマイナーな経済学者として無視され、ながく絶版になっていた彼の全集が、あらためて刊行され始めたことは、世界的なハイエク再評価の波が日本にも及んでいることを示すものだろう。

文献は最小限のものに限ってポラニー［1958］のように示したが、ハイエクの本・論文は著者名なしで［1973: 107］のように記した。これは『法と立法と自由Ⅰ』（一九七三年）の一〇七ページ（原著）という意味である。ページは原則として原著のものである（全集版には原著ページもついている）。訳書のページは「＊＊ページ」のように記した。訳文は私が自由に訳したが、訳書のあるものはそれを参照した。研究書や関連文献については、いちいち注記すると入門書としてはわずらわしくなるので最小限にとどめ、参考になるものを巻末の読書ガイドに列挙した。

ハイエクの本は、よくも悪くも専門的な経済学や法学の本ではないので、文体は平易であり、基本的な発想を理解すれば、あとはその論理的な展開として素直に読める。本書の読者が、ひとりでもハイエクの本を読んでみようという気になれば、本書の役割は達成される。

二〇〇八年七月

著　者

ハイエク　知識社会の自由主義　【目次】

おわりに

読書ガイド

第一章
帝国末期のウィーン

ウィーンの中心部、ケルントナー通りをオペラ座からシュテファン寺院に向かって歩くと、まるで一八世紀で時が止まったままのような印象を受ける。街全体が博物館の展示物のように古く重苦しく、人を威圧する。建物は老朽化して使いにくく、人々は遺跡のような街で、歴史の重みにあえぎながら暮らしているようにみえる。それが本当に中世に建てられた建物なのか、それとも昔の様式を模して新たに建てられたのかはわからないが、街全体に変わるまいという意志が感じられる。それはウィーンのもっともよき時代が、遠く過ぎ去ったことを人々が知っているからだろう。

道端では大道芸人が芸をし、若いミュージシャンがモーツァルトを演奏している。ここは何といっても、モーツァルトの街なのだ。彼の音楽は、ほとんどバックグラウンド・ミュージックのように、いつもウィーンのどこかで聞こえている。彼は、この街のもっとも華やかだった時代の記憶でもある。

ウィーンは、一二世紀から第一次世界大戦まで七〇〇年以上にわたって、ハプスブルク家の治める神聖ローマ帝国などの首都として、最盛期にはドイツ、オランダ、イタリア、ハンガリー、フランスにまたがる広大な版図と一二の民族を支配した。ウィーンが「音楽の首都」

と呼ばれ古典派音楽を生み出したのは、ハプスブルク帝国の首都として、貴族の集まる都市であり、作曲家がこうしたパトロンに雇われたためだ。

しかしハプスブルク帝国は、征服ではなく婚姻によって拡大し、もとの国の統治機構や言語をそのまま残したため、民族の分離・独立の動きが絶えなかった。神聖ローマ帝国はナポレオンによって倒され、再建されたあとは帝国の支配は名目的なものとなった。その名称さえ、とくに独立を強く要求したハンガリーとの妥協によって、オーストリア＝ハンガリー二重帝国という奇妙なものに変えざるをえなかった。

そして帝国を最終的に解体したのが、第一次世界大戦だった。一九一七年に革命によって皇帝は退位し、ハプスブルク家の支配は終わった。敗戦後の講和条約によって、帝国はオーストリア、ハンガリー、チェコスロバキアの三国に解体された。

西洋の没落

ハイエクが生まれたのは一八九九年、帝国が崩壊する世紀末のウィーンだった。その名前に「フォン」という称号がついていることでもわかるように、祖先は下級貴族だったが、それは彼の生まれたころにはほとんど意味がなかった。大戦後のオーストリアは、巨額の賠償と激しいインフレーションによって経済が崩壊し、かつての貴族も没落した。戦争と革命で廃墟になった国土には、飢えと貧困と無秩序が広がっていた。シュペングラーの大著『西洋の没落』がベストセラーになり、ドイツでは不安定なワイマール体制のなかで、ヒトラーが登場する。

しかし戦間期のウィーンでは、芸術の分野でほとんど奇蹟的ともいえる成果が花開いた。シェーンベルク、ベルク、ウェーベルンなどの新ウィーン楽派は、西洋音楽の基本構造である調性を否定し、一二音などの新しい音階によって作曲する実験を行なった。調性のない不安な音楽は、第一次大戦後の荒廃したウィーンの状況を映し出すとともに、古典派以来つづいた西洋音楽の歴史に終止符を打つものだった。

絵画では、客観的なフォルムを極度にゆがめて不安や葛藤を描く、クリムトやエゴン・シーレなどの表現主義がドイツ、オーストリアで盛んになった。その代表作とされるノルウェイの画家ムンクの「叫び」は、この時代の気分をよく表わしている。ロシアの画家カンディンスキーは、ミュンヘンで表現主義から抽象絵画へと進み、フォルムそのものを破壊した。

ウィーンは、科学の分野でも二〇世紀の方向を決めるような重要な発見を生み出した。シュレーディンガーが波動方程式を発見し、量子力学の基礎を築いたのはウィーンである。同じ時期、ドイツでもハイゼンベルクが不確定性原理を独立に発見し、両者は数学的に同一であることをシュレーディンガーが証明した。

　敗戦によって混乱と貧困のどん底にあったドイツとオーストリアで、二〇世紀の物理学がほとんど完成されたのは不思議な出来事である。物理学者は、それは時代状況とは無関係な論理的必然だったというだろうが、彼らが数学的に定式化した物理的事実は第一次大戦前にすべて発見されていた。量子力学を完成するために必要なのは、実験ではなくアイディアだった。

　リチャード・ファインマンは、有名な講義のなかでシュレーディンガー方程式を説明したあと、こう述べている。「どこからこれが得られたのか。どこからでもない。これを諸君の知っていることから導き出すことは不可能である。これはシュレーディンガーの精神から生まれたものである」。すべてを失い、実験もできないウィーンで初めて量子力学は観念として結晶したのだ。

　量子力学は、古典力学的な素朴実在論では理解できない。物理量は確率分布としてしかわからないという波動関数や、物質の位置と運動量は一義的には決まらないという不確定性原理は、古典的な物質の実在や因果関係の概念をくつがえすもので、その解釈をめぐる論争は現在まで続いている。その理論が、すべての価値が崩壊した戦間期のウィーンから生まれたのは、おそらく偶然ではない。ウィーンは一九世紀の知的遺産が集まる焦点となり、そこから二〇世紀の新しい文化が生まれた都市だったのである。

ハイエクの思想は、こうした滅びゆく大陸の遺産を受け継ぎ、彼が英米に移住することで新しい世界とまじわってできた、大陸の観念論と英米の経験論の混合物である。それは一見、市場経済を全面的に擁護し、歴史の進歩を信じる明快な理論のようでありながら、その背後には近代の合理主義を攻撃し、人間の「無知」をすべての理論の前提に置く一種の不可知論がある。そこには、すべての価値が崩壊した世紀末のウィーンに生まれ、懐疑主義を貫いて生きた西洋人の像が見える。

観念論の伝統

ハイエクはよくユダヤ人だと思われているが、両親ともローマ・カトリックで、ユダヤ系の血は入っていない。ただ父親は科学者だったので、信仰はもっていなかった。彼は健康省に勤務する医師で、公務員らしくつましい生活をするかたわら、植物学に情熱を傾けていた。ハイエク自身もその影響で無神論者であり、「一神教の不寛容には強い敵意を感じる」

と語っている。

彼は第一次大戦で一年ほど兵役に取られたあと、一九二一年ウィーン大学に入学した。専攻は法学だったが、戦争中に読んだカール・メンガー（一八四〇〜一九二一）の『国民経済学原理』で経済学に魅力を感じ、経済学に転じる。そのころのウィーンの知的雰囲気について、彼はこう回顧している。

第一次大戦直後のウィーン大学の学生の間で関心を集めた二つの主題は、これらはずっと後に西洋世界でそうなるのだが、マルクス主義と精神分析であった。私はこの二つの教義を学ぶのに良心的に努力したが、それらは学べば学ぶほど満足のいかないものに思われるようになった。この二つの教義は、自分たちの言明が必然的に真になるように用語を定義しており、それゆえ世界について何事も語らないのであって、まったく非科学的である。[1994: 20]

当時の世界の知識人と同じように、彼も学生時代には社会主義の影響を受けたが、社会主義とは早い時期に決別してしまう。何もかも失ったウィーンに生まれたハイエクは、人間が明るい未来に向かって必然的に進歩するという思想には共感できなかったのかもしれない。

ハイエクは「反共」とか「反マルクス」というイメージでとらえられることが多いが、彼がマルクスに関して主題的に言及したことはほとんどなく、マルクスを系統的に研究した形跡もない。社会主義を批判するとき、彼が主として念頭においたのはイギリスの労働党であり、理論的な批判の対象になったのはサン・シモンやオーギュスト・コントだった。

しかしハイエクの思想は、ある面ではマルクスと似ている。人間の行動を認識論的なレベルで把握するところから出発するハイエクの理論は、カント以来のドイツ観念論の延長線上にある。歴史を自由の拡大する過程ととらえる彼の進化論的な発想は、ヘーゲルやマルクスに近く、英米の分析的な経済学とは異質だった。このため彼は、ロンドンに移住してからも、経済学の主流には受け入れられなかった。

晩年を亡命先のイギリスで過ごし、資本主義が伝統的な社会を破壊する「資本の文明化作用」を賞賛し、未来社会を「自由の国」として描いたマルクスは、同じくロンドンに移住して学問的な活動を行い、「部族社会」の倫理を否定して自由主義を提唱したハイエクに似ている。そして（よくも悪くも）歴史を動かしたのは、一見「科学的」な新古典派経済学ではなく、観念的だが人々の情緒に訴えるマルクスとハイエクの理論だった。

懐疑主義の思想

ハイエクは経済学史では「オーストリア学派」に分類される。その創始者メンガーは、ハイエクがウィーン大学に入学したころはすでに引退していたが、ハイエクはメンガーの著書から大きな影響を受けた。その主著『原理』を貫くのは、価値が生産費（労働時間）で決まるとする古典派経済学を批判し、それが消費者の「必要」で決まるという考え方である。これは「限界効用の理論」として一般化され、メンガーは新古典派経済学のパイオニアの一人に数えられている。

しかしメンガーの理論は、現在の経済学のように客観的メカニズムとして経済を描くものではなく、価値が消費者の心理に依存する相対的なものだという主観主義だった。これは同時代の物理学者、エルンスト・マッハの影響だといわれる。マッハは物理法則は実験的事実を主観的に構成したフィクションにすぎないという懐疑主義をとなえ、当時のウィーンで流行した。マッハと同じ「ウィーン学団」に属していたメンガーは、マッハの主観主義の影響を受けたのである。

マッハの懐疑主義の源流は、一八世紀イギリスの哲学者、デヴィッド・ヒューム（一七一一〜一七七六）だ。彼は『人性論』で、人間に第一義的に与えられる感覚だけから出発し、それ以外の先験的な存在をすべて疑うところから出発した。

たとえば太陽とか海洋の知覚がいったん消えたあとで、ふたたび初めの出現のときと同じような部分をもち、同じような状態で現われるのに気づくと、中断されたこれらの知覚を違うものとはみなさず、反対に類似しているため、同じ一個のものと考えがちである。［中略］しかし、こうした所信の誤りに気づかせるには、ほんのわずかな哲学的思考だけで十分である。（第四部第二節）

きょうまで太陽が東から昇ったことは、あすも東から昇ることの根拠にはならない。「合理的」な推論にもとづいて経験的事実から「帰納」されたようにみえる因果関係は、実際には「習慣にもとづいた蓋然性」の認識にすぎない。これはカントをして「独断のまどろみ」から目覚めさせ、感覚が存在によってつくられるのではなく、その逆だという「コペルニクス的転回」をもたらしたものだ。しかしカントが、この「ヒュームの問題」を解決したわけではない。これは今に至るも多くの哲学者や科学者を悩ませている問題である。

アインシュタインが相対性理論のアイディアをマッハから得たのは有名だが、ハイエクもマッハの影響を受けたと語っている。一時は心理学の道に進もうかとも考えていたハイエクは、のちにマッハの認識論をヒントにして『感覚秩序』という心理学の本を書いた。不安と懐疑は、当時のウィーンの時代精神だったのである。

メンガーに始まるオーストリア学派は、ルートヴィヒ・フォン・ミーゼス、フランク・ナイト、そしてジョセフ・シュンペーターなどと続くオーストリア出身の経済学者の考え方だが、現在ではシカゴ学派に吸収されたとする考え方が一般的だ。たしかに市場の機能を高く評価し、政府の裁量的な介入を拒む点では、シカゴ学派（マネタリストとも呼ばれる）はオーストリア学派の伝統を受け継いでおり、それはケインズ派がほとんど消滅した現在では、世界の経済学の主流になったといってもよい。

しかしシカゴ学派のスタイルは、オーストリア学派の思想に新古典派の均衡理論を取り入れて数学的な装いをこらしたものであり、均衡理論を拒否するハイエクは、ミルトン・フリードマン（一九一二～二〇〇六）やその後に流行した「合理的期待」学派には批判的だった。オーストリア学派の伝統は、むしろ人間の非合理的な行動を分析する点にあるからだ。

現在の経済学のコアである新古典派理論は、一九世紀後半にイギリスのウィリアム・ジェヴォンズ、フランスのレオン・ワルラスとオーストリアのメンガーによって創始された「限界革命」に始まる。これは古典派経済学が商品の価値を労働時間に求めたのに対して、人々がそれによって得る「効用」に求める理論である。

市場での価格が何によって決まるかは、経済学のもっとも重要な問題である。たとえばダイヤモンドと水を比べた場合、水がなければ生きていけないがその価格は低く、ダイヤモンドは生活に必要ないがその価格は高い。このパラドックスを、アダム・スミスはダイヤモンドの採掘には水より多くの労働が必要だからだ、と説明した。

しかし、こういう労働価値説で説明できない現象はいくらでもある。二人の鉱夫が同じ時間だけ働き、ある者はダイヤモンドを見つけ、ある者は鉄を掘り出した場合、ダイヤモンドと鉄に同じ価格がつくだろうか——と考えればわかるように、同じ労働時間をかけた商品でも、市場での価値は異なる。リカードやマルクスも、この問題に気づいて修正しようとしたが、労働価値説によって価格を合理的に説明することはできなかった。

限界革命の二つの顔

商品の価値が、その生産に要した労働ではなく、その需要によって決まる、という説は一八世紀からあったが、それを学問的な体系にしたのがジェヴォンズとワルラスとメンガーだった。彼らは一八七〇年代に独自に限界効用の理論（と今日みなされるもの）を発表し、これは「限界革命」と呼ばれるが、仔細に検討すると、彼らの理論は微妙に違っている。

この三人のなかで、もっとも現在の新古典派理論に近いのはワルラスである。彼は市場を需要と供給の均衡する方程式で表わし、経済全体を「一般均衡」の連立方程式で記述できると考えた。ここでは主要なテーマは集計的な需要であり、個人の効用は補助的な概念にとどまっている。ジェヴォンズの理論は、経済学をすべて「効用」によって説明しようとする、イギリスの功利主義の伝統を数学的に表現したもので、そのスタイルも現在の経済学に近い。

これに対して、メンガーの『原理』は、どちらかといえば哲学的な本である。彼は、古典派の労働価値説のように商品の価値がそこに投入された生産費で決まるという考え方は「真の因果関係を完全に逆転するものだ」と批判した。ある商品の価値がその生産費で決まるとすれば、その生産費は何によって決まるのか……と考えてゆくとわかるように、これは循環論法である。

どんなに多くの労働が費やされていようと、最終的な商品が消費者に売れないかぎり、その商品は価値をもたない。したがって商品の価値を決めるのは、消費者の「必要」だとメンガーは論じた。彼は「限界」概念を明示的には論じていないが、商品の価値は「それを失ったときの有用性と等しく決まる」と書いている。

このように、商品一単位を消費することによって得られる有用性が、のちに「限界効用」と呼ばれるようになった。しかしメンガーにとって重要なのは、ワルラスやジェヴォンズのように経済学を数学的に表現することではなく、価値が生産費によって客観的に決まるという古典派経済学の価値論を否定し、価値が主観的なものであることを証明することだった。

またメンガー［1883］は、社会は個人に還元できない「有機体」だとするドイツ歴史学派の説を「はなはだ曖昧な思想である」と批判し、方法論的個人主義をとなえる。しかし、これは社会の動きが個人の行動に完全に分解できるという意味ではない、と彼は次のようにのべる。

社会現象の目的論的成立の特色は、その建設をめざす社会そのものの意図にある。すなわち、こうした社会現象が、行為する主体と考えられた社会あるいはその主権者の共同意志の意図された結果であるという事情にある。これに反し、「有機的」な起源をもつ社会現象は国民の個人的努力、すなわち個人的利益を追求する努力の意図されないで合成された結果として現われるという特徴をもっている。（二二七ページ）

この「意図せざる結果」という考え方は、のちほど紹介するハイエクの自生的秩序の概念に通じる。このようにメンガーは新古典派理論の元祖の一人とされているが、その発想は現在の経済学とはかなり異なるものだった。そしてワルラスの理論が、その後マーシャルによって総合的な理論として体系化され、さらにポール・サミュエルソンなどによって古典力学をまねた客観的理論として精密化されていったのとは別に、オーストリア学派はメンガーの主観的価値論の哲学を継承したのである。

第二章

ハイエク対ケインズ

一九二九年一〇月、ウォール街で起こった株価の暴落から始まった大恐慌は、経済学にとって大きな試練だった。アダム・スミス以来、英米の経済学者は自由な市場と自由貿易が最大の富をもたらすと論じてきたが、一〇年以上にわたって不況と高い失業率が続いた大恐慌は、市場メカニズムの自動調整機能に大きな疑問を抱かせた。

イギリスでは、一九二九年に労働党が初めて第一党となり、社会主義の影響が強まった。ロシアではボルシェヴィキが革命を成功させ、ドイツでも革命が起こり、社会民主党が政権を取った。フランスやスペインでも、知識人が「人民戦線」に結集し、社会主義を唱えるようになった。

経済学者も、市場メカニズムは必ずしも需給を調整するように動かないと考えるようになったが、その原因は一時的な「摩擦」や、労働組合が賃下げに抵抗するためだと考えられていた。とくに当時のイギリスの経済学界の中心人物だったアーサー・ピグーは「失業（労働の超過供給）は賃金が高すぎるから起こるので、賃金を引き下げるべきだ」と主張した。

他方、不況によって税収が減ると、政府は緊縮財政をとるようになり、さらに不況を拡大するという悪循環をまねいていた。明らかに、新古典派経済学が想定するのとは違う状況が続いていたのだが、この状況を説明できる経済学者はいなかった。未曾有の経済危機は、経済学にとっても危機の時代だった。

大恐慌時代のイギリス

ハイエクがＬＳＥ（ロンドンスクール・オブ・エコノミックス）に客員教授としてまねかれ、イギリスに渡ったのは、こうした不況の嵐が吹き荒れるさなかの一九三一年だった。ＬＳＥは、労働党を指導したフェビアン協会の中心人物、ウェッブ夫妻によって創立された経済学を専門とする大学で、社会民主主義の本拠地とみなされていた。そこにハイエクがまねかれたのは奇妙な組み合わせだが、それは彼がケインズを批判したドイツ語の論文が、ＬＳＥの教授だったライオネル・ロビンズの目に留まったのがきっかけだった。

フェビアン協会は、ロシア革命を起こしたボルシェヴィキに反対し、民主的な手続きによって社会主義を実現することを綱領に掲げていた。社会主義は、合理的に考えれば明らかに資本主義よりすぐれたシステムなので、暴力は必要なく、社会民主主義の理論を教育して人々を啓蒙すれば、おのずから社会主義が多数派になると考えていた。大学を設立したのもその教育のためだった。

しかし世界的には、当時の社会主義（共産主義）の主流は、ロシア革命を実現したボルシェヴィキの指導するコミンテルン（第三インターナショナル）であり、暴力革命によらなければ国家権力は掌握できないとする「マルクス・レーニン主義」が大きな影響力をもっていた。彼らは、議会を通じて革命を実現しようとする社会民主主義を「修正主義」と批判した。マルクス・レーニン主義者にとって、資本主義は労働者を搾取する根本的に不合理な経済体制であり、労働者の待遇を改善することによって彼らの不満を緩和する社会民主主義は、その根本的な矛盾を解決するための革命のエネルギーをそぐ、と彼らは考えたのである。

この暴力革命という方法論は、一九世紀後半の労使対立が激化した時代に、とくにパリ・コミューンをモデルにして想定された政治的な方針であり、マルクスの経済理論と論理的な関係はない。マルクスが使った「プロレタリアート（労働者）の独裁」という言葉も、市民社会が現実には権力を握るブルジョア（資本家）による独裁体制であるという意味をこめた反語であり、文字どおりの独裁によってプロレタリアートが専制君主のようにふるまうことを意味するものではない。

しかし当時は、暴力革命こそ純粋なマルクス主義であり、社会民主主義は、現体制と妥協してその延命をはかるものだという考え方が有力だった。とくに、暴力革命を主張したレーニンやトロツキーが現実に革命を実現したという事実の重みは大きく、マルクスの理論とレーニンの暴力革命論は一体と考えられがちだった。

フェビアン協会は、こうした革命はロシアのような遅れた国のものであり、イギリスのような先進国では民主的な手段で社会主義を実現することが可能だと考えていたが、その基盤となるマルクスの理論に対抗できるものがなかった。新古典派経済学は、マルクスに対抗する理論と目されたのである。

他方、経済学の世界では、リカード以来の（マルクスも踏襲した）労働価値説が現実の経済を定量的に説明できないことは明らかで、主流は一九世紀に新古典派経済学に移っていた。しかし、新古典派はマルクスの理論のような華麗なレトリックに乏しく、人々を行動に駆り立てる理想を欠いた地味な理論で、専門的な経済学者以外にはほとんど理解されていなかった。労働党のなかでさえ、ボルシェヴィキのような急進的な方針を主張する「左派」と、現実主義的な「右派」との対立が続いていた。

ロビンズは、この分類でいえば右派であり、ケインズが主張する政府の市場への介入についても批判的だった。しかし金融論は彼の専門ではなかったので、金融の専門家であるハイエクに注目したのである。ケインズを批判していたハイエクは、もともと社会主義というイデオロギーそのものを否定しており、社会主義を教育するLSEにまねかれたのは皮肉なめぐりあわせだったが、こうして彼は経済学の表舞台に登場することになる。

時あたかも大恐慌の最中で、政府が失業手当だけではなく公共事業による「失業対策」で雇用を増やすべきだという主張が、労働党政権で出ていた。しかしピグーやホートレイなどの主流の経済学者は、政府が雇用を増やしたぶん民間の雇用が減るので、そのような一時しのぎの政策は財政赤字を増やすだけだと反対した。

自由放任の終焉

大恐慌は、市場メカニズムへの信頼を失わせ、政府の介入を求める政治的な圧力が強まっていた。こうした状況で、ジョン・メイナード・ケインズ（一八八三～一九四六）が経済学の主役になったのは、ある意味で歴史の必然だった。今の段階で客観的に考えると、彼の理論はそれほど革命的なものではなく、のちほど見るように彼が「古典派」として攻撃した主流の経済学をくつがえすものでもない。

しかし第一次大戦後、ロシアや欧州各国で社会主義革命が起こり、市場経済に人々が疑問を持ち始めたとき、「自由放任の終焉」を宣告したケインズが大きな支持を受けたのは当然だった。ケインズ［1926］は「自由放任の終焉」を宣言した。

自由放任の論拠とされてきた形而上学ないしは一般的原理は、これをことごとく一掃してしまおうではないか。［中略］世界は、私的利害と社会的利害がつねに一致するように天上から統治されているわけではない。世界は、現実のうえでも、両者が一致するようにこの地上で管理されているわけではない。啓発された利己心は、つねに社会全体の利益になるようにはたらくというのは、経済学原理からの正確な演繹ではない。

ここには市場の「無政府性」を政府がコントロールするという社会主義の影響がみられるが、ケインズ自身は社会主義の立場をとることはなかった。彼は、マルクス主義についても「非論理的で退屈な教義」と切り捨てている。マルクスやヘーゲルに代表される、個人を超えた「歴史的必然」を想定する哲学は、彼のイギリス的な個人主義とは合わなかったのだろう。

しかしケインズにとっては、新古典派経済学も、複雑な経済を単純化しすぎていると思われた。現実には、労働需要と供給の不均衡による失業は日常的に起きており、いくら時間がたっても均衡することはない。またアダム・スミスの時代に比べれば、政策金利などによって政府が市場をコントロールする手段も整ってきた。大蔵省の官僚でもあったケインズにとって、目の前の不均衡に対して「市場にゆだねよ」としかいえない経済学は、物足りなかった。

ケインズが「自由放任」を批判したのは巧みなレトリックだった。実際には当時のイギリスで、政府が何もするなという意味での自由放任(レセ・フェール)を主張した経済学者はいなかったのだが、「古典派経済学」がそのようなナンセンスな主張だと決めつけることによって、一定の政府の介入は必要だという(一般論としては正しい)ケインズの主張は、強い説得力をもつことになった。

このようにケインズは、従来の経済学を修正し、政府が介入する根拠を見出すという結論を最初から想定して理論を組み立てたので、その内容は論理的にはかなり無理のあるものだった。とくに一九三〇年に出版された『貨幣論』は、書かれたのが大恐慌の前だったこともあり、『貨幣論』でケインズが提言した金利の引き下げでは大恐慌を止めることができないことがはっきりしていた。そこで彼は、労働党などが主張しているように失業対策を財政政策によって行なうべきだという考えに傾いていった。

ケインズとの論争

ハイエクはこうしたイギリスの政治的状況に疎かったため、ロビンズの期待にこたえて二回にわけて発表した長文の書評［1931］で、ケインズの『貨幣論』が理論的な矛盾を含んでいると批判した。

ケインズは『貨幣論』で、不況の原因は過少消費なので、金利を引き下げれば貯蓄が減り、消費が増えるので不況から脱却できると主張した。これに対してハイエクは、不況の原因は過少消費ではなく、金融政策でそれを是正することもできないと批判した。実物市場（普通の商品・サービスの市場）を長期的に均衡させるような水準の「自然利子率」を下回った金利を設定しても、それは長期的に維持できないので金融市場を不安定にし、かえって不況を悪化させるというのだ。

『貨幣論』は、集計量で経済を分析する「マクロ経済学」の手法を初めて取り入れたものだが、国民所得や消費や貯蓄などのマクロ変数は、数千万人の行動の集計にすぎない。そういう集計量に相関関係があったとしても、因果関係については何もいえないというのは統計学の初歩である――ハイエクはこのようにケインズを批判した。

ケインズはこの批判には直接反論せず、その代わりハイエクの新著『価格と生産』を批判した。ハイエクはのちに「ケインズが私の書評の第二回をほとんど読まないで、『あの本［貨幣論］で書いたことを私はもう信じていない』と言ったのにはがっかりした」と回想している［1978: 284］。このあと、ハイエクは二度とケインズの著作を公の場で批判することはなかった。

このエピソードは、よくも悪くもケインズが政治家であり、ハイエクが学者だったことを示している。失業者がいるとき、政府が公共事業で彼らを雇用すれば失業者が減るのは、経済理論を使わなくてもわかる自明の理である。問題は、公共事業にどの程度の効果があるのか、そして公共事業による財政赤字をどうするのか、ということだったのだ。

最初の問題については、一九三一年にリチャード・カーンが「乗数効果」の理論を発表した。これは、たとえば政府が公共事業に一億ポンド支出し、それを受け取った労働者が六割を消費に回すとすると、さらに六〇〇〇万ポンド増え、それを売った商店主がその売り上げの六割を消費に回すと六〇〇〇×〇・六＝三六〇〇万ポンド増え……というように、最終的には二・五億ポンドの有効需要が創出されるというものだ。*財政赤字については、景気対策によって国民所得が増えれば税収が増え、結果的には財政赤字も解消できるとされた。

しかし当時の経済学者の多くは、そんなことは起こりえないと主張した。投資需要が一定だとすると、政府が投資したぶんだけ民間の投資が減るので、雇用は創出されない。かりに雇用が一時的に増えたとしても、公共事業をやめたら元に戻ってしまい、財政赤字だけが残る。

どちらの立場も理論的にはありうるので、どちらが正しいかは、やってみなければわからない。そしてアメリカのルーズベルト大統領が一九三〇年代にとったニューディール政策は、ケインズ政策にもとづく公共事業によって雇用を増やし、景気を回復させたようにみえたため、ケインズの理論は大きな影響をもつようになった。

＊これは無限級数の和の公式　1＋0.6＋0.6×0.6＋……＝1÷（1−0.6）＝2.5

パンフレットとしての『一般理論』

ケインズの主著『雇用、利子および貨幣の一般理論』（一九三六年）は、だれでもその名を知っているが、だれも読んだことがないという意味で、古典の代表である。私が学生のころは、塩野谷九十九訳の古い非常に高価な訳本しかなかったので、丸善で売っていた安い原著を読んだが、さっぱりわからなかった（新しい岩波文庫版は原著よりわかりにくい）。

教科書に書いてあるマクロ経済学では、ＩＳ曲線とＬＭ曲線の交点でマクロ的な均衡が決まることになっているが、『一般理論』にはそういう図式はどこにもなく、哲学や心理学の話が延々と書かれていて面食らう。大恐慌のさなかに政策提言としてバタバタと書かれたので、議論が未整理で、余談や重複が多い。

ケインズは『一般理論』の冒頭で、「古典派経済学」は市場が均衡する特殊な場合の理論だが、自分の理論は不均衡の場合も含む一般理論なのだと宣言する。しかし、彼が提示した理論は、古典派理論の論理的な一般化になっておらず、まったく別の国民所得統計を使ったものだ。

こうしたマクロ経済学の手法は、すでに『貨幣論』で導入されていたもので、『一般理論』は新しい理論的枠組みを提示したわけではない。しかも『貨幣論』では、金融政策（金利の引き下げ）によって不況は克服できると書かれていたのに、同じ道具を使った『一般理論』では、金利の引き下げは効果がないと主張する。

金利を引き下げても、金利生活者が過度にリスクを恐れて現金を保有する「流動性選好」があるから、長期金利は下がらないというのだ。したがって政府が公共事業などによって有効需要を創出する必要がある、というのが『一般理論』の論理構成だ。

ケインズは古典派が間違っている例として、名目賃金の下方硬直性や金融市場の不完全性など、いろいろな不完全性を挙げている。こうした不均衡が生じている場合、普通の経済学では価格によって不均衡は調整されると考える。たとえば失業が起こっている（労働が超過供給になっている）とすれば、長期的には賃金は下がり、労働需要が増えて均衡が回復するはずだ。

ところが、そういう調整が行なわれない不均衡状態が、実際には一〇年も続いた。だからケインズの指摘は正しいのだが、なぜ不均衡が続くのかという肝心の問題には、ケインズは答えていない。

むしろ『一般理論』は、新古典派理論が成立しない特殊な条件を挙げ、その結果として不均衡が生じると論じる「特殊理論」と考えたほうがよい。たしかに『一般理論』は、一九三〇年代の状況の記述としては見事だが、その奇妙な結論は仮定に含まれているのだ。これをケインズが新古典派を特殊な場合として含む「一般理論」と誇称したことが、後世の誤解のもとになった。

要するにケインズは、政府の介入が必要だという結論を最初に決め、それに合わせて理論を考えたのである。理論とは、往々にしてそういうものだ。『一般理論』のなかの「大蔵省が古い瓶に紙幣を詰めて廃鉱に埋め、それを掘り出す事業を作り出せば、失業はなくなるだろう」という有名な冗談は、後世に大きな悪影響を与え、公共事業はその内容ではなく規模によって評価される習慣が戦後長く続いた。

ハイエクは政府が市場を攪乱《かくらん》すべきではないと論じたが、ケインズは目の前の問題を解決する手段があるとき、それを使わないのは政策当局の怠慢だと考えた。これは経済問題をどれほど辛抱強く考えるか、という社会哲学の違いかもしれない。ハイエクにとっては、市場の問題は長期的には市場が解決するはずだが、ケインズにとっては「長期的にはみんな死んでしまう」のだ。

『一般理論』を発刊当時に批判しなかったハイエクは、のちにそのことを後悔して、『一般理論』は経済学的な一般理論ではなく、財政政策を正当化するために書かれた「時事論説」だったと述べている。しかし、それはケインズにとっては本望だろう。ケインズは師マーシャルの追悼文で、経済学の役割は、そのときの経済情勢に合わせた政策をパンフレットで提言することだと書いている。

経済学者たちは、四つ折り版の栄誉をひとりアダム・スミスだけに任せなければならない。その日の出来事をつかみとり、パンフレットを風に吹き飛ばし、つねに時間の相の下にものを書いて、たとえ不朽の名声に達することがあるにしても、それは偶然によるものでなければならない。

ケインズは大蔵省の官僚でもあり、賢明なエリートが社会を導くべきで、それは可能だという信念をもっていた。『一般理論』は、彼の政策提言が古い理論を信じている経済学者には理解できない革命的な新理論にもとづくものだという権威づけのための政治的パンフレットだったのである。

一方で、ハイエクにとって市場経済は自律的に動くシステムであり、政府が自由に市場をあやつることは幻想でしかなかった。そしてハイエクは、大恐慌に対して有効な処方箋を書くことができなかった。論争はケインズの圧倒的な勝利に終わり、ケインズの理論は「新しい経済学」として第二次大戦後、広く受け入れられるようになった。他方、ハイエクが一九四一年に出版した『資本の純粋理論』は、彼自身も認めるように不完全なものだったため、批判を浴び、彼はこれを最後に狭義の経済学の研究から身を引いた。

不確実性の思想

一九七〇年代になると、因果関係のはっきりしない集計量にもとづくケインズ経済学を批判し、経済を個人に分解し、その「合理的期待」にもとづく行動の集計として経済成長や景気循環を定式化する「新しい古典派」と呼ばれる学派が登場した。彼らはケインズを完全に否定し、マクロ経済学とミクロ経済学の区別もなくした。経済は、永遠に生きて未来を完全に予想する超合理的な「代表的個人」による計画経済のようなものと想定された。

彼らのケインズ批判のポイントは、ハイエクの指摘と同じだ。ケインズの理論には、集計量の動きを説明する「ミクロ的基礎」がなく、なぜそうなるのかは合理的個人の行動から説明がつかない。マクロ経済学は非科学的な結果論にすぎない。長期的には、政府が市場に影響を与えることは不可能であり、最善の政策は何もしないことだ——こう主張する合理的期待派の結論は、奇妙なほどハイエクに似ている。共通しているのは、ハイエク以来の市場経済への信頼と政府への不信である。

しかしハイエクと合理的期待派の間には、根本的な違いがある。ハイエクは、個人が合理的に行動することも完全な情報をもつこともありえないと考えた。そして、不完全な知識しかもたないがゆえに不確実性をともなう個人の行動をコーディネートするしくみとして市場をとらえた。この点では、じつは彼の意見はケインズと一致していた。ケインズは『一般理論』のエッセンスをまとめた論文［1937］で、均衡理論的な解釈を拒否し、自分の理論でもっとも重要なテーマは「不確実性」だと述べた。

［古典派経済学では］事実や期待は、いつでもはっきり計算できる形で与えられていると仮定されている。リスクがあることは認められているものの、大した注意は払わず、正確に計算できると想定されている。確率論は、暗黙のうちにではあるが、不確実性を確実性と同じように計算可能な状態に帰着できると想定している。［中略］しかし現実には、人は行動のもっとも直接的な結果以外には、基本的にはごく曖昧な見通ししかもっていない。このため将来についての知識がゆらぎ、曖昧で不確実だという事実によって、資産価値はとくに不安定になり、古典派経済理論の方法では扱えなくなる。

このように書いてケインズは、ルーレットのように計算可能な確率は本質的な不確実性ではなく、たとえば欧州で戦争が起こるかどうかといった問題が不確実なのだとのべている。

こうした状況では、人々の予想そのものを金利で均衡させることはできない。「予想の市場」というものはないからだ。

その代用として金融市場があるが、大恐慌のときのように人々が極端にリスク回避的になっていると、彼らは金利に反応しないで市場の予想が正しいと考え、多くの人々の予想に合わせようとする。このとき多くの人々が悲観的だと、それに合わせて悲観的な予想をする人の予想が当たるから、金利と無関係に悲観的な予想が広がり、人々は安全な現金を保有するので投資資金が供給されない。

このようにしてケインズは、計算不可能な不確実性を経済分析の中心に置いた。それはケインズが一九二一年に書いた『確率論』以来の哲学だが、同じ年にオーストリア学派の経済学者フランク・ナイト［1921］は、計算可能なリスクと計算不可能な不確実性を区別し、前者は保険などでヘッジできるテクニカルな問題だが、後者は企業家精神の本質にかかわるとした。

不確実性のもとでの主観的な意思決定を重視するのは、オーストリア学派の伝統であり、のちに紹介するように、ハイエクの中心思想でもある。また功利主義者の「ベンサム的計算」を否定し、とくに将来のリスクを数学的に計算して金利に織り込むと考えるフィッシャー流の金融理論を批判した点で、ケインズとハイエクの考え方は似ていた。

しかし、ケインズがその不確実性を政府によって除去しようとしたのに対して、ハイエクは市場によって不確実性は（長期的には）おのずから調整されると考えた。ここには、同じ戦間期の欧州の抱える不安に直面しながら、それをエリートの指導によって「社会工学」的に解決するか、市場にゆだねて自生的秩序を信頼するか、という方法論の違いがある。

『一般理論』は、あくまでも大恐慌という特殊な時代についての「パンフレット」だった。政府が総需要を管理して景気刺激を行なうのは不完全雇用の状態に対応した特殊な政策であり、これを彼が『一般理論』と名づけたのはミスリーディングだった。なぜなら経済が完全雇用に近い状態で財政的刺激を続けると、インフレが起こるからだ。

ところが戦後のマクロ経済学者は、ケインズ理論によって政府が経済を自由にコントロールできると考えた。これが戦後の慢性的なインフレの原因となったのである。のちにハイエクは、一九四六年に世を去ったケインズが「もし戦後まで生きていたら、彼がもっとも断固たるインフレ・ファイターになったことは間違いありません」と語っている［1978: 287］。ケインズ革命は、ケインズが軽蔑したロシア革命と同じように、長く続きすぎたのである。

第三章

社会主義との闘い

今でこそ「社会主義がだめだ」というのは常識であるが、つい二〇年ほど前までは、世界の人口の半分近くを社会主義国が占め、日本でも「社会党」が野党第一党だった。「資本主義から社会主義に移行するのが歴史の必然だ」と信じる人がかなりいて、朝日新聞などは中国の文化大革命を賞賛していた。

とくに知識人の世界では、こういう「進歩派」が多数を占めていた。それは欧米でも同じで、共産党の勢力はそれほど大きくなかったが、社会民主主義は広く支持されていた。一九三〇年代には、資本主義の世界が大恐慌に沈む一方で、ロシアは順調に成長を続けているようにみえた。だから今ではとても想像がつかないが、社会主義を批判するのは当時は非常に勇気のいることだった。

また日本では、共産党が軍国主義に抵抗する勢力として（ごく少数ではあるが）戦後まで残ったため、「進歩派」の権威は非常に高かった。ハイエクどころか、ワルラスもメンガーも「近代経済学」という特殊な学派として扱われ、私の世代まで、国立大学の多くではマルクス経済学が教えられていた。なかでもハイエクやフリードマンは、資本主義を擁護する「右派」の思想とみられていた。

知識人が左翼的なのは、世界的な傾向である。これはおそらく、彼らがある程度の合理的な知識をもち、自然科学によって自然が操作可能になったように、社会科学によって社会を合理的に操作できると思いがちなところからくるバイアスだろう。だから一九三〇年代から社会主義を批判してきたハイエクの闘いは、今では想像もできないほど困難で孤独なものだった。彼が講演すると卵が投げつけられるので、スーツの洗濯代が大変だと夫人は嘆いていたという。

社会主義計算論争

メンガーの価値論や制度論を継承したハイエクにとって、イギリス労働党のように社会全体を集権的に「計画」しようとするのは、それが「意図せざる結果」をまねくことを知らない素朴な発想だと思われた。すでにミーゼスが一九二〇年に、計画経済の欠陥を明らかにした論文を書いていたので、ハイエクはその論文の英訳を中心に『集権的経済計画』というタイトルの論文集を一九三五年に刊行した。これが「社会主義計算論争」として知られる、二〇世紀でもっとも有名な経済論争の始まりである。

ミーゼスの主張は、きわめて単純なものだ。市場経済では、貨幣によって人々の経済活動が媒介され、価格によって商品の価値が表示される。人々は複雑な計算をしなくても、ある商品の価格を見て、それが自分の主観的な評価（限界効用）より高いか安いかを考え、安いと思えば買えばよい。そうした需要と供給の相互作用によって商品の価値が決まり、企業は利潤（あるいは損失）を上げる。

ある企業が利潤を上げているということは、その商品の価格（社会的評価）がそれを生産するコスト（限界費用）より高いということだから、その企業が効率的に生産していることを示す。この場合には、他の企業が参入して商品の供給が増え、価格が下がる。逆に損失を出しているときは、その企業の商品の価値はコスト以下なので、生産をやめたほうがよい。その場合には、生産と供給が減ることで価格が上がる。このように価格を通じて消費者の評価が伝えられることによって、企業は正しい価格を計算なしに知ることができる。

ただし、このメカニズムが機能するためには、財産権によって商品とその所有者が一対一に対応していることが不可欠である。人は、その労働の対価や投資の成果が一〇〇％自分のものになるから創意工夫をするのであり、働いても働かなくても同じ社会、あるいは投資の成果が国に奪われるような社会では、だれも働かなくなるだろう。

ところが社会主義経済には価格も財産権もないから、商品の価値を知る尺度がない。たとえば消費者にアンケートをとって集計し、そこから計算して価格をつけるといった作業を、何百万種類もある商品すべてについて行なうには、莫大な計算が必要である。かりに計算が可能だとしても、計算できるのは消費財の価格だけで、その原料となる中間財や資本財の価格を決める基準はない。したがって財産権を否定する社会主義経済において、中央当局の計画で正しい資源配分を決めることは不可能である――。

こうした主張に対して、ポーランドの経済学者オスカー・ランゲは『社会主義の経済理論』を発表して反論した。価格には二つの機能がある。取引における交換比率としての機能と、その商品の価値（影の価格）を示す機能だ。後者は企業内の部門間でつけられる「移転価格」のようなもので、実際に貨幣による取引が行なわれる必要はなく、あるプロジェクトに帰着される価値がそのコストより高いか低いかをみればよい。

したがって中央当局は、自分で計算する必要はなく、ワルラスの「せり人」のように価格を提示して各企業の需要と供給を集計し、それが一致するまで価格を動かせばよい。貨幣も財産権もなくても、こうした「分権的社会主義」が可能であることは、新古典派経済学によって証明されている。

この反論は、理論的には正しい。一九四〇年代には、影の価格を実際に計算する線形計画という手法が開発され、戦時経済における物流や生産の管理に実際に使われた。こうした手法は、オペレーションズ・リサーチ（ＯＲ）と呼ばれ、現在でも経営学の一分野になっている。ＯＲは「作戦研究」という名の示すとおり、もとは戦争において補給を効率的に行なうシステムとして開発された。こうした手法は、戦争のように目的関数がはっきり決まっていて変化しないときには有効だ。

ある作戦に、武器と石油と食糧という三つの資源が必要だとしよう。いくら武器がたくさんあっても、石油がなかったら動けないし、食糧がなくなったら兵士が飢え死にしてしまう。こういうときの基本的な考え方は、なるべくバランスよく予算を割り当て、ボトルネックをなくすことだ。

かりにすべての予算を武器に割り当てたとすると、石油も食糧もないので戦力はゼロだ。そこで石油と食糧に一単位ずつ予算を配分すると、戦力は一単位ぶん増えるが、武器が余ってしまう。そこで余った武器予算をまた他の資源に割り当てると戦力が増える……というようにシミュレーションを繰り返し、戦力が増えなくなったところでやめると、最適な資源配分が求められる。資源の数が増えると、この計算は非常に複雑になるので、コンピュータが必要だ。

米軍は、こういう手法で補給を手厚く行なったが、日本軍は補給を考えないで、すべての予算を武器につぎ込んだため、第二次大戦の戦死者二三〇万人の半分近くが餓死という悲惨な結果になった。

分権的社会主義の挫折

このように分権的社会主義を実現することが理論的に可能であるばかりでなく、その計算を実際に行なう手法も発見されたことで、社会主義計算論争は社会主義側の勝利に終わったと思われた。一九五〇年代には、アロウ＝ドブリューらによって新古典派理論の一般均衡が存在することが数学的に証明された。

線形計画で求めた解が新古典派経済学の一般均衡と一致することはフォン＝ノイマンによって証明されていたので、これによって社会全体を巨大な線形計画問題として定義すれば、必ず答えは求められることが証明された。この時期が新古典派の黄金時代で、すべての経済問題がコンピュータで機械的に解けるのは時間の問題だと思われた。

一九六〇年代には、ハンガリーの経済学者コルナイが、新古典派理論を応用して実際に分権的社会主義を運営するメカニズムを設計し、それを一八部門からなる生産計画で実験した。

まず中央の計画当局から各部門に生産量を割り当て、各部門がそれを生産するのに必要な「影の価格」を申告する。この申告を見て中央は効率の悪い（限界生産量の少ない）部門への割り当てを減らし、効率のよい部門に割り当てる……というやりとりを繰り返し、それ以上生産量が上がらないところで計画を決めるのだ。

これは線形計画に似た方法で、目的関数が決まれば、手続きはコンピュータのプログラムとして書ける。しかしプログラミングを行なう作業は膨大で、二〇〇人もの人々が計画に参加した。プログラムが大きすぎて当時のコンピュータでは処理できないため、大幅に簡略化したプログラムが使われたが、それでも作業は難航した。五年間にわたる試行錯誤の結果、この実験は失敗に終わった。

最大の原因は、計算を行なう前提となる目的関数が決められなかったことだ。戦争や企業のプロジェクトなら、司令官や経営者が決めればよいが、経済全体の目的はいったいだれが決めればよいのだろうか。政治家は、政策に優先順位をつけることを嫌い、あれもこれもやろうとする。とくに目的を数値化することは好まない。

こうした問題を無視して、とりあえず目標を決めたとしても、今度は計算に必要なデータを集めるのが大変だ。官僚は自分たちの仕事の「台所」を見せたくないので、仕事の目標を数値的に明示するのをいやがる。正しいデータを提供するインセンティブが働かないので、集められたデータの信頼性は乏しくなる。結果的には、実際に計算を行なう以前の段階で計画が破綻してしまった。その原因を、コルナイ［2005］は次のように総括している。

この問題を今の頭で考え直してみると、ハイエクの議論にたどりつく。すべての知識、すべての情報を、単一のセンター、あるいはセンターとそれを支えるサブ・センターに集めることは不可能だ。知識は分権化される必要がある。情報を所有する者が自分のために利用することで、情報の効率的な完全利用が実現する。したがって、分権化された情報には、営業の自由と私的所有が付随していなければならない。（一五八ページ）

計画の主体として、個人を超えた社会とか国家を想定するとき、最大の問題は、国家の目的関数は具体的にどうなっているのかということだ。個人の目的は明確だが、それを国家としてどう集計するのか。あるいは国家が適当な目的関数を設定したとして、国民全体の福祉を最大化することはどうやって保証されるのか。

企業のプロジェクトでは、与えられた目的を最適化することだけを考え、あとはできた商品が市場で売れるかどうかをみて目的関数を変更すればよいが、計画経済では最初の目的を決めるところで挫折してしまう。消費者の目的を、たとえばアンケートで集計するとしても、その好みは多様で、刻々と変化している。そのどこかの時点で収集したとしても、そのデータをどう「社会的目的関数」として集計するかという問題が残る。

現実の社会主義国では、組織的な計画手法はまったく使われなかった。中央の官僚が適当に目標を設定して各工場に割り当て、それがうまく行かないと場当たり的に割り当てを変更する。ソ連の計画経済を運営していたゴスプランの官僚が、「膨大な計画をどうやって実行しているのか」ときかれて「電話」と答えた、という小話がある。

コルナイの実験は分権的社会主義が現実には不可能であることを証明し、市場経済がいかに膨大な「計算」を自律分散的に行なっているかを明らかにした。三〇年代には論争に負けたようにみえたハイエクやミーゼスの理論が正しいことが、実験によって証明されたのだ。

隷従への道

こうした論争を総括し、社会主義の危険を説いたのが、ハイエクの『隷従の道』である。『隷従の道』は、最初はイギリス国内向けの啓蒙書だったが、アメリカでベストセラーになり、ハイエクを一躍有名にした。他方でこの本は、彼に保守反動の代表選手というイメージを植えつけた。のちにハイエクは、「私は、この本で経済学者の信用を失いました。私の学問的影響力が下がっただけでなく、ほとんどの学科が私を嫌悪するようになったのです」と語っている。

今でも、自由主義を「市場原理主義」などと呼んで反発する人々は後を絶たない。その代表が、ベストセラー『国家の品格』を書いた藤原正彦氏である。彼は次のように書く。

アメリカの経済がうまくいかなくなってきた一九七〇年代から、ハイエクやフリードマンといった人々がケインズを批判し、再び古典派経済学を持ち出しました。もし経済がうまくいかなければ、どこかに規制が入っていて自由競争が損なわれているからだ、とまでいう理論です。時代錯誤とも言えるこの理論は、新古典派経済学などと言われ、今もアメリカかぶれのエコノミストなどにもてはやされているのです。(一八三ページ)

これは徹頭徹尾でたらめである。ハイエクやフリードマンは、当時の主流だった新古典派に挑戦したのであって、「古典派経済学を持ち出した」のではない。最後の「新古典派経済学などと言われ」云々は、シカゴ学派と新古典派を取り違えている――と私が編集者に指摘したら、新しい版では「新自由主義経済学」と訂正されたが、そんな経済学は存在しない。

こういう「自由競争」への反発は、今に始まったものではない。イギリスの歴史家E・H・カーは第一次大戦後、この戦争は「一九世紀の支配的な観念、すなわち自由民主主義、民族の自己決定権、自由放任の経済学に対する革命」だったとし、実質的に勝利したのは「ソ連とドイツだった」と評価した。彼のような社会主義者にとっては、「中央集権的な計画化と統制のもとに、世界を大きな組織体に作り上げる」ことが人類の究極の理想だからである。[1944: ch.13]

また社会主義を理想とする人々が、科学者に多いことも特徴的だ。イギリスの科学誌『ネイチャー』は、「社会を科学的に組織する計画」を繰り返し特集した。多くの科学者が「資本主義の無政府性」を批判し、「国民を科学的に管理する」システムを提案した。

こうした科学者にとって、ダーウィンの進化論をモデルにして「不可避な歴史法則」を樹立したと自称する、エンゲルスの「科学的社会主義」は、きわめて受け入れやすいものだった。彼らは、自由主義を軽蔑した。なぜなら近代の科学においては、人間の行動もすべて物理学の法則に従っているので、自由という概念には意味がないからだ。

こうした傾向は、現在の科学技術者にもみられる。経済産業省の「情報大航海プロジェクト」や文部科学省の「京速計算機」のような時代錯誤のプロジェクトに多くの技術者が集まるのも、金銭的動機とばかりはいえない。彼らは、多くの技術者を動員して科学的な目的を計画的に達成することが望ましいと信じているのだ。

これは前にもみたように、目的の与えられたシステムでは正しい。一つのプロジェクトを効率的に実行することだけが目的であれば、そのために資源を最適配分するＯＲのような「科学的管理法」が有効である。しかし問題は、その目的が正しいのかどうか誰にもわからないということだ。かつて同様の手法で行なわれた通産省の産業政策が失敗したのは、その目的の設定が間違っていたからである。

客観的知識と個人的知識

同じ時期に全体主義や社会主義を批判したのが、ハイエクと同じくウィーンに生まれ、ロンドンに渡った哲学者カール・ポパー（一九〇二〜一九九四）である。ポパーは『開かれた社会とその敵』（一九四五年）で、社会主義のような「ユートピア社会工学」は、全体を個より上に置いて歴史の必然に身をゆだねる「歴史主義」であり、革命や暴力によって社会を一挙に変革することは危険だと批判した。

一九四〇年代、まだ「進歩思想」と思われていた社会主義を全面的に否定した点で、ハイエクとポパーはよく似ており、彼らは個人的にも親しかった。またポパーの「反証可能性理論」と呼ばれる科学哲学から、ハイエクは影響を受けている。しかし彼らには、少なからぬ違いもあった。

ポパーは、当時の分析哲学の主流だった「論理実証主義」を批判し、理論の正当性を実験的な検証によって裏づけることはできないと主張した。いかに多くの実験で検証しても、次の一回でそれが否定される可能性を排除できない。経験的事実から理論を「帰納」する手続きというのはありえないのだ。そしてポパーは、科学と非科学をわける基準として「反証可能性」を提唱した。

ある理論が実験や事実によって反証されうるなら、それは科学だが、反証を許さないものは科学ではない。ヘーゲルやマルクスのいう「歴史法則」は、あまりにも包括的で漠然としているため、具体的な事実によって反証できないので、科学とは呼べない。それは人々を情緒的に駆り立てる宗教のようなものである。

しかしポパーの反証主義には論理的な弱点があった。その有名な例が、海王星である。天王星は一七八一年に発見されたが、その軌道を計算するとニュートン力学の予想からずれていることが明らかになった。これは明白な「反証」であり、ポパーの理論に従うなら、ニュートン力学は棄却されなければならない。しかしそういうことは起こらず、一八四六年に海王星が発見され、反証はなくなったのである。

反証主義は、非科学的な「まじない」のようなものから科学を区別する役には立つが、何が科学で何が科学でないか、などという厳密な基準はありえない。物理学でさえ、彼が信じていたほど厳密な科学ではないのだ。ポパーが死去したとき、イギリスの新聞は「科学的な理論は反証可能でなければならないという彼の理論は、それが反証されたことで正しいと判明した」という残酷な弔辞を送った。

ハイエクは、当初はポパーのこうした方法論に影響を受けたが、次第にポパーの議論があまりにも素朴な「科学主義」だと批判するようになった。それは経済学が自然科学とは違って、人間の主観に依存する学問であり、「経済理論の過去一〇〇年の重要な進歩は、ことごとく主観主義の一貫した適用による進歩であった」からだ。[1952 : 30]

この点で、彼は同じく反社会主義の盟友だったハンガリー生まれの科学者マイケル・ポラニー（一八九一～一九七六）の「暗黙知」や「個人的知識」の理論に傾いていった。ポラニー〔1958〕は、ポパーの追求するような「客観的知識」は人間の知的活動の氷山の一角であり、実際の科学は科学者の習慣や常識などの言葉にならない暗黙の個人的知識に支えられていると主張した。本源的な知識は、こうした身体的知識であり、それが「分節化」されて言語などの客観的知識になったのである。

これはハイエクの『感覚秩序』や後期ヴィトゲンシュタインの言語ゲームの理論にも通じる先駆的な発想だった。当時はこれを実証するデータはなかったが、最近の脳科学では、こうした感覚をつかさどる「辺縁系」と呼ばれる古い脳が、行動の基礎にあることが明らかにされている。

ポラニーの科学思想は、トマス・クーンの『科学革命の構造』(一九六二年)に影響を与え、実証的に確かめられた。ニュートン力学の反証はいくつもみつかっていたが、物理学者はそれを捨てなかった。代わりの理論がなかったからだ。彼らがニュートン力学を最終的に捨てたのは、一九〇五年にアインシュタインが相対性理論を発表したあとである。科学的な「パラダイム」も一種の宗教のようなものであり、それを倒すのは実験でも事実でもなく、よりすぐれたパラダイムなのだ。

第四章

自律分散の思想

知識の分業

社会主義をめぐる論争のなかで、ハイエクは市場についての考え方を深めていった。そのなかでも、彼自身が「最大の転機」だったと語っているのが、一九三七年の論文「経済学と知識」である。経済学では、主観的均衡、部分均衡、一般均衡というように、均衡という概念をいろいろな場面で使うが、その具体的な意味を検討するとかなり違う、と彼は指摘する。

まず、個人や企業の主観的均衡という概念には意味がある。たとえば家を建てるときは、大工や配管工などにいくら払うかを一つの計画にもとづいて決める。いろいろな業者を比較し、その限界的なコストと利益が均等化するように均衡が決まると想定することは、それほど非現実的ではない。外部環境についての知識が変化すれば、その均衡（計画）を変更すればよい。

問題は、こういう均衡の概念が社会全体に適用できるかどうかだ。均衡の概念が意味をもつのは、一つの家を建てるときのように目的が一定で、すべてのメンバーの知識が同一で変化しないときに限られる。とくに各メンバーの計画が一致しているという条件が重要だ（もし、ある人が二階建ての家を計画し、別の人が平屋を建てようとしたら、社会全体の目的関数は求められない)。また彼らに与えられるデータも同一でなければならない。

このような「完全市場」であれば、社会全体を一つのプロジェクトとみなしてもよいので、主観的均衡と同じように最適解が求められるだろう。だが、こうした状態は経験的な事実を無視した「選択の純粋理論」のようなものだ。完全市場を満たす条件が具体的にどう実現するかは何も語られていない。とくに、すべてのメンバーが無限の将来まで正しく予見していないと、彼らの計画は一致しない。

かりにそういう均衡が存在するとしても、人々の行動がその均衡に向かって収束するかどうかはまた別の問題だ。人々が経験からどのように学んで行動を修正するのか、新しい知識をどうやって得るのか、といった具体的なしくみがわかっていなければ、彼らの見通しが一致するかどうかは何ともいえない。完全な知識があれば完全な市場が実現するという同語反復的な「選択の純粋理論」は、こうした条件について何も教えてくれない。

結局、こうした理想的な状態が実現するかどうかは、社会のなかで知識がどう分布し、どう流通するかという「知識の分業」(division of knowledge)に依存する。これはアダム・スミスが発見した分業(division of labour)に劣らず重要である。個人は断片的な知識しかもっていない。知識の断片が市場での相互作用によってどう伝わり、コーディネートされるかが経済的パフォーマンスを決める。

この場合の知識は、価格や数量などの客観的知識だけではない。客観的知識は市場が整備されれば、ある程度は入手可能だ。問題は、個々の企業がどういう材料とどういう労働者を使ってどういう品質の商品を作っているか、といった個人的知識である。

人々がだれも経済全体についての知識をもっていないとき、異なる人々の心のなかにある知識の断片を結合して、全体を指揮する知識がないと意図的に実現できないような結果をもたらすには、どうすればいいのだろうか？　この意味で、だれも計画しなくても、個人の自発的な行動によって、一定の条件のもとで、全体があたかも一つの計画でつくられたかのように資源を配分することができることを示せば、比喩的に「社会的な心」と呼ばれることのある問題に答を出すことができよう。[1937]

スミスは、だれも指揮していないのに、あたかも社会全体が一つの工場のように機能するしくみを分業と名づけたが、ハイエクはここでそれに劣らず重要な知識の分業という概念を提唱している。この論文では、それは古典派経済学への批判という形でしか表明されていないが、この考え方がのちに知識をベースにした市場の理解や自生的秩序の概念につながってゆくのである。

価格メカニズムの謎

この洞察は、一九四五年に発表された有名な論文「社会における知識の利用」で、新しい経済学の考え方として示された。彼はまず、市場が効率的な資源配分をもたらすという新古典派経済学の結論は、ある条件に依存していると指摘する。その決定的な条件とは、すべての人々が無限の将来にわたる完全な情報をもっているということである。

完全情報の仮定が満たされれば、すべての商品の限界代替率（相対的な価値）を均等化するという単純なルールによって最適化できる。しかし、社会全体のすべての商品についての完全な情報を、すべての人々がもつことはありえない。だとすれば新古典派理論によれば、効率的な状態は達成されないはずだ。しかし市場経済はそれなりに回っている。

だから市場経済の機能を理解するうえで重要なのは、新古典派的な最適化問題を解くことではなく、その前提となっている完全情報の条件が現実には満たされていないのに、あたかもそれが満たされているかのように経済が動いているのはなぜかということだ、とハイエクは問題を提起する。これは重要なので、少し長くなるが引用しよう。

合理的な経済秩序の問題に特有の性格は、われわれが利用しなければならないさまざまな状況についての知識が、集中され統合された形では決して存在せず、ただすべての別々の個人が所有する不完全でしばしば互いに矛盾する知識の、分散された断片としてだけ存在するという事実によって、まさしく決定されているのである。したがって社会の経済的な問題は、単に「与えられた」資源をいかに配分するかという問題だけではない。〔中略〕それはむしろ、社会のどの成員に対しても、それぞれの個人だけがその相対的重要性を知っている目的のために、彼らに知られている資源の最良の用途をいかにして確保すべきかという問題である。すなわち簡単に言うならば、どの人にもその全体性においては与えられていない知識を〔社会全体として〕どう利用するかという問題なのである。[1945]

この場合の知識は、ポパーのいうような客観的知識だけではなく、「組織されない膨大な知識、すなわち時と場所のそれぞれ特殊な状況についての知識」である。客観的知識は（とくにデジタル化されれば）メディアによって伝えることができるが、「経済問題はつねに変化の結果として起こる」ので、その変化を刻々と客観的知識として伝えることはできない。また職場のなかで長年の経験やチームワークによって共有される暗黙知は、そもそも客観的な知識として表現できない。しかし企業の競争優位をもたらすのは、まさにこうした暗黙知なのである。

こういう観点からみると、価格メカニズムの意味もロビンズが定義したような「稀少な資源の効率的な配分」にはとどまらない。重要なのは、価格メカニズムで実現される「知識の経済性」、すなわち市場の参加者が正しい行動をとるために知るべき知識が計画経済よりもはるかに少なくてすむということである。

このことを理解するためには、前述の客観的知識と個人的知識の区別が重要だ。たとえば世界のどこかで、銅の需要が（何かの原因で）大きく増えたとしよう。需要が増えたことによって商品市場の銅価格が上がると、その利用者は銅を節約して他の金属に代えるだろう。このとき利用者は、どういう原因で銅の価格が上がったのかといった事情を知る必要はない。必要なのは、銅が以前より稀少になり、そのコストが上がったという知識だけだ。

どこかの利用者の個人的知識が、市場の取引によって価格という一般的知識に翻訳されて市場に伝わるだけで、あたかも計画当局が「不足した金属を節約せよ」「必要な金属を増産せよ」と命令したかのように、各企業が自発的に行動するのである。

驚くべきことは、ある原料の欠乏のようなケースにおいては、何一つ命令が発せられることなく、おそらくほんの一握りの人しかその原因を知っていないのに、何のなにがしであるかは何カ月調査しても確かめようのない幾十万の人々が、その原料もしくはその原料の製品を、今までよりも節約して使用するようにさせられることである。つまり、彼は正しい方向に働くのである。〔同〕

これは市場経済で生活している私たちにとっては自明のようにみえるが、先に紹介したハンガリーの実験でもわかるように、答を計画経済で求めようとすると膨大な作業が必要になる。しかも答の精度、柔軟性は市場経済に比べてはるかに劣る。つまり価格メカニズムの優位性をもたらしているのは、新古典派的な資源配分の効率性ではなく、知識のコーディネーションの効率性なのである。

競争と独占

このような観点から市場をみると、競争原理の意味も違ってくる。新古典派経済学では、競争によって価格と限界費用が均等化し、利潤がゼロになることで効率的な資源配分が実現することになっているが、これは奇妙な理論である。授業で学生たちに説明すると、「利潤がゼロになるのが理想ってどういうことですか?」と質問されることがある。

ハイエクも、均衡理論で想定されている状態が瞬時に実現するとすれば、市場は企業家にとって何の魅力もないだろう、と認める。ハイエクは、新古典派の中心的なモデルである「完全競争」の前提として、次の三つの条件があることを指摘する。

一、買い手や売り手が価格に影響を及ぼさない
二、市場への参入が自由である
三、すべての市場参加者が完全な知識をそなえている

このうち、一と二はまだ理解できるが、三は普通の「競争」という言葉とは関係のない仮

定である。「現実の問題はむしろ、入手できる知識ができるだけ多く利用されることはどのようにして実現されうるのか、である」とハイエクはいう。

もしわれわれが、ある種類の完成消費財に対する市場を考え、その生産者あるいは売り手の立場から出発するとすれば、われわれはまず、彼らがその商品が生産されうる最低費用を知っている、と想定されていることに気づくであろう。けれども、はじめに与えられていると想定されるこの知識は、競争の過程を通じてだけ事実が発見される主な項目のひとつである。[1946]

生産者と同じように消費者も、前もって市場にどんな商品があるかを知っているわけではない。それは「広告、値引き、生産される商品やサービスの改善（品質差別化）」によって事後的に見出されるものであり、重要なのは需給の均衡という結果ではなく、そこに至るまでに市場を通じて人々が知識を得る過程なのである。

したがって「完全」な競争が「不完全」な競争より望ましいかどうかはわからないし、そういう比較に意味があるかどうかも疑わしい。新古典派のいう意味での完全な競争は、どこにも存在しないからだ。現代の産業では（新古典派が暗黙に想定しているような）個人企業はほとんどなく、少数の大企業による寡占になっていることが多いが、それは規模の経済があるかぎり、小企業の乱立する「完全競争」より生産の効率性という点ではすぐれている。

競争にとって本質的なのは、二の条件が満たされているかどうかである。たとえばＩＢＭは、一九七〇年代には一社で世界のコンピュータ業界の七〇％を超える市場占拠率をもち、アメリカの司法省はたびたびそれを分割しようとして訴訟を起こした。しかしＩＢＭを倒したのは、政府ではなく、大学をドロップアウトした若者がつくったベンチャー企業マイクロソフトだった。だから問題は、競争が完全か不完全かということではなく、競争があるかないかである。

　競争が国の援助あるいは寛容によって完全に抑圧されないかぎり、競争の主要な効果は、より緩慢にではあっても、通常は発揮されつづける。［中略］優越した効率を基礎とする独占は、誰か他のものが、消費者に満足を与えることにおいて、いっそう効率的になればすぐ消滅することが保証されているかぎり、比較的無害である。［同］

この考え方は、競争政策にも大きな影響をもたらす。伝統的な競争政策では、独占によって超過利潤と過少生産が生じるため、政府は独占を規制する必要があると考えられてきた。だがハイエクやジョージ・スティグラーは、超過利潤があるとすれば、それは新規参入のチャンスになるので、規制は必要ないと主張した。

計画主義の危険

市場において私的利害と社会的利害がつねに一致する保証はないというケインズの議論は、一般論としては正しい。しかし市場は失敗するが、政府も失敗する。「市場の失敗」と「政府の失敗」のどちらが有害かは、先験的にはわからない。市場の失敗はたかだか不景気とかインフレをもたらすぐらいだが、社会主義や全体主義のもたらした犠牲は、それよりはるかに大きい。ソ連の「粛清」や中国の「大躍進」「文化大革命」で殺された（あるいは餓死に追い込まれた）人々の合計は合計一億人近いといわれ、二つの大戦の死者の総数を上回る。

ハイエクが「計画主義」(constructivism)と呼んで批判したのは、社会主義と全体主義に共通する「社会を特定の目的のために計画的に動かす」という思想だ。この言葉は、普通は「設計主義」と訳されるが、あとで説明するように、ハイエクは制度設計を否定したわけではなく、むしろ晩年には法制度や議会制度などのルールの設計について提言を行なっていた。彼が否定したのは、社会を「目的合理的」に計画しようとする思想である。

その源流を、彼はプラトンの国家論に求め、近代ではデカルト以来の合理主義に求めた。ここでは個人はすべて理性を共有し、世界についての正しい情報をもって行動すると想定される。たしかにニュートン力学を応用してロケットを月に飛ばすことができたのだから、人間の社会を同じように操作することは、原理的には可能である。

> もしもある人が、ある瞬間に世界中に住んでいる数十億の人々の行動についての分散した事実をすべて知ることができれば、彼は市場よりも効率的な人間の生産秩序を達成する立場に立てるだろう。科学は、こうした関係を理論的に理解する助けにはなる。しかし複雑な社会の秩序を決める、広く分散し急速に変化する特定の時と所における環境を確かめるのには、科学はほとんど役に立たないのである。[1970]

ここで「科学」を「新古典派経済学」と読み替えてもいいだろう。現実に意思決定を行なうとき、人々がもっている情報は、きわめて限られたものであり、驚くべきなのは、むしろこのようなわずかな情報によって社会秩序が保たれているという事実である。秩序が保たれている原因を、市場そのものに見出すことはできない。市場は世界中にあるが、満足に機能している国は少ないからだ。市場のコーディネーション機能を支えているのは、その基礎になっている財産権や慣習法（コモンロー）などのルールの体系なのである。

神経細胞の秩序

このように、自律分散的な主体が相互作用することで自生的秩序が生み出されるというハイエクの発想は、一九五二年に書かれた『感覚秩序』にもみられる。といっても、ここでいう秩序は社会秩序ではなく、脳内の秩序である。前にものべたように、彼は学生時代、心理学の道に進もうと考えたことがあったぐらいで、この本のアイディアは学生時代のものだと彼は語っている。

経済学者が心理学の本を書くというのは、当時はディレッタンティズムとしか思われず、この本は無視され、その後のハイエク研究でも『感覚秩序』に言及しているものはほとんどない。しかしこの本は最近になって、新しい認知科学モデルの先駆として再評価され始めている。

ハイエクは、そのころ主流だった行動主義心理学を批判した。刺激と反応によって人間の行動を説明するモデルでは、人間の心理は説明できないからだ。行動主義心理学では人間の心理は物理的な刺激の集積として機械的に決まると想定されているが、実際にはそんな対応関係はみられない。ゲシュタルト心理学にみられるように、物理的な刺激とは別のレベルの「感覚秩序」は、それ自体が一つの原理で動いているのだ。

ハイエクの想定する原理は、ニューロン（神経細胞）の結合パターンが一定の感覚の「分類」に対応するというものだ。感覚に与えられる刺激は雑多なもので、それ自体は意味をもたない。ところが神経を刺激して、脳内で一定のパターンが形成されると、それによって感覚が分類され、たとえば連続したスペクトラムからなる可視光線を赤とか青とかいう色彩として認識するようになる。この複雑なものがゲシュタルトである。

この説は実験の裏づけもなく、ほとんど直感的に語られているので、当時は心理学者にも相手にされなかった。一九六〇年代以降、盛んになった「機能主義」の考え方では、脳は一種のコンピュータと考えられ、論理的アルゴリズムでその思考を再現することによって「人工知能」ができると考えられた。

しかし一九八〇年代に流行した人工知能は、ほとんどみるべき成果を生まず、挫折した。

挫折の原因は、コンピュータは計算や検索などの客観的知識の処理は得意だが、たとえば「あれを見ろ」というとき、「あれ」が何をさすのか、といった常識的な判断の処理がむずかしく、膨大な手間がかかるということだった。これは「フレーム問題」と呼ばれる。対象にはほとんど無限のフレーム（属性）があるので、その組み合わせが膨大になって、普通のコンピュータでは処理できないのだ。

その結果、出てきたのが「コネクショニズム」というモデルだった。このモデルは、フォン・ノイマン型コンピュータのようにデータとプログラムをあらかじめ入力するのではなく、脳を並列処理コンピュータの一種と考える。そして入力（たとえば文字列）と出力（たとえば音声）の関係を、一定の素子の結合として記憶させ、それが間違っていたらエラーを返し、合っていたら結合を強める、といった操作を繰り返すことで、一定の結合様式が強まり、入力と出力の関係を学習するようになるというものだ。

また脳科学の分野でも、ニューロンのグループと特定の認識パターンが対応し、同じ刺激が繰り返されることでそのニューロンをつなぐシナプスの結合が強められ、刺激のなくなったシナプスは切れるという淘汰によってカテゴリーが形成される、という「ニューラル・ダーウィニズム」仮説が提唱されている。

この仮説を提唱した現代の代表的な脳科学者ジェラルド・エーデルマンは、その先駆はハイエクだとし、『感覚秩序』を「人間の知識そのものについての深い思考の実例として、この本を読むことをお勧めする。もっとも印象的なのは、知覚の問題の鍵となるのは分類の性質の解明だということを、彼が理解していることだ」と評している。

エーデルマンの理論でいうカテゴリーが、ハイエクの分類にほぼ対応する。両者に共通するのは、知覚を外界の対象や脳への刺激に対応させるのではなく、シナプスの結合によって形成される脳内のパターンに対応させていることだ。ハイエクが、この理論をコンピュータも脳科学もなかった時代に、ほとんど「深い思考」だけで創造したのは驚くべきことである。シナプスの結合とその競争によってパターンが自生的に形成されてゆくというイメージは、彼の社会哲学とも共通する部分がある。

このように知覚やカテゴリーが、特定のアルゴリズムでデータを処理することによってできるのではなく、断片的な感覚が集まってパターンを自発的に形成するという考え方は、ハイエクの遠い親戚であるヴィトゲンシュタインの後期の思想とも共通する面がある。ただハイエクは、学問的にはヴィトゲンシュタインの影響は受けておらず、「類似は偶然だろう」とのべている。

こうした経済学と脳科学の出会いは、最近になって「ニューロエコノミクス」という形で始まっている。経済的な行動が合理的な選択よりも心理的なバイアスによって決まるという仮説にもとづき、そうした行動をもたらす脳内のニューロンやシナプスの動きを解明するものだ。経済学と脳科学という、かつては突飛な組み合わせだった学問が、ハイエクから半世紀以上たって出会ったのである。

第五章

合理主義への反逆

一九七九年にイギリスの首相になったマーガレット・サッチャーが、保守党の党首に指名されたとき、ブリーフケースからハイエクの著書『自由の条件』を取り出し、「これがわれわれの信じているものだ」と宣言したのは有名な逸話である。

この本は、ハイエクの主著とみなされているが、一九六〇年に出版された当初は学界からも無視され、イギリスの論壇でも「時代遅れの自由放任主義」として冷ややかに迎えられた。当時は、完全雇用のときには新古典派理論を、不完全雇用のときにはケインズの理論を適用する、サミュエルソンの教科書に代表される「新古典派総合」と呼ばれる考え方が学界の主流だったからである。

すでに六〇歳を過ぎていたハイエクは、これまでの研究の集大成としてこの本をまとめた。この本が新しい経済学を生み出し、経済体制を変えることになるとは、彼は想像もしていなかっただろう。だから彼の議論の重点は、具体的な経済問題よりも、哲学的な問題に置かれている。

ハイエクの議論は、狭義の哲学として読むとかなり素朴なもので、二〇世紀の哲学の主要なテーマだった言語哲学は扱っていないし、現象学や構造主義などの「流行」とも無縁だ。

出てくるのは、もっぱら一八世紀の啓蒙思想や合理主義である。しかしそこでは、衒学的《げんがく》おしゃべりに堕した現代の哲学にはない二〇世紀の思想が、平易な言葉で語られている。だから哲学の素養のない人でも読める。

理性への懐疑

ハイエクは、大陸のデカルト的な伝統を批判し、ヒュームやアダム・スミスなどのスコットランド啓蒙思想を高く評価する。

　彼らの議論は、独立に個人に先立って存在する人間理性によってこれらの制度がつくられたというデカルト的な概念に徹底的にさからい、市民社会が賢明な最初の立法者あるいは最初の「社会契約」によってつくられたという概念に反対する。[1960：57]

ハイエクが合理主義に反対する背景にあるのは、「計画主義」が危険であるという確信と、その基礎になっている人間の「無知」から出発して社会を考える懐疑主義だ。自由の価値も、こうした懐疑主義から導かれる。もし全知全能の計画当局が永遠の未来を合理的に予想し、世界を正しく導くことができれば、自由は必要ない。この仮定は荒唐無稽にみえるかもしれないが、現代の「新しい古典派」マクロ経済学の基礎となっているモデルでは、明示的にそう仮定するのである。

この学派のリーダーであるトマス・サージェントは、あるインタビューで「人々の予想の違いはマクロ政策にどういう影響を及ぼしますか?」と質問されて、「典型的な合理的期待モデルでは、そういう違いについては何も語れません。それは一種の共産主義なのです。このモデルでは、すべての人々は計量経済学者であり、神と同じモデルを共有しているのです」と答えている。

これは新古典派の「完全情報」の仮定を、時間を含む動学モデルに拡張した必然的な結果だ。合理的期待論によるシャープな定量的予測は、代表的個人＝計画当局が全員の行動を未来まで拘束するという仮定に依存しているので、人々の予測が互いに異なると、何もわからなくなる。そのため事後的にアドホックな「不完全性」を入れて、計量データにフィットさせるテクニックが、計量経済学者の腕の見せどころだ。しかし天動説をいくら修正しても、地動説にはならない。

パレートやワルラスが社会主義者だったことからもわかるように、新古典派経済学は計画経済の理論なのである。現実を単純な数学モデルに還元するために、「不完全な知識でも動く」という市場経済のもっとも重要な特長が捨象されている。最適な計画を立てて実行できれば、最適な結果が得られるという結論は同語反復である。

自由に価値があるのは、新古典派経済学のいうように、それによって効率的な資源配分が実現するからではない。人々が神ではない以上、合理的な社会的意思決定を行なうことは不可能だからである。共産主義社会でもそれが不可能であることは、ミーゼスやハイエクの指摘したとおりだ。

自由の意味は、無知な人々が最大の選択肢をもち、いろいろな可能性を試すことができることにある。このようにオプションを広げることによって効率が高まることは多いが、それが目的ではない（社会に目的なんかありえない）。こうした試行錯誤による進化の結果、生き残るのは、環境に適応した個体であって、絶対的な基準で「最適」な個体とはかぎらない。たとえばオーストラリア大陸では、カンガルーが環境に適応したが、それは外来種が入ってくると滅亡に瀕した。

だから進化によって「客観的知識」に近づくというポパーの理論を、ハイエクは批判した。われわれの社会が最適だという保証もなければ、それに近づいているという保証もない。必要なのは、人々に間違える自由とそれを修正する自由を与えることによって、少しでもましな状態に保つことだけだ。それが自由な社会の最大の特長である。

消極的な自由

自由という言葉には、古来からある「他人の恣意的な意志による強制に服従しない」という消極的な意味（～からの自由）に加えて、最近では「政治的決定や経営的決定に参加する自由」とか「人種や性別を超えて同等に扱われる自由」などの積極的な「～への自由」が提唱されることが多い。

有名なのは、マルクスの「二重の意味で自由な労働者」という言葉だ。資本主義が成立するには、「労働力を自由に処分できる」とともに、労働以外に売るものがなく「必要な物から自由な」労働者が必要なのだ、という皮肉である。

戦後しばらくは、こういう議論が広く受け入れられた。「形式的自由」だけでは、労働者や少数民族や女性は「実質的自由」を得られないので、彼らの権利を保障するために賃金を引き上げたり、積極的措置（アファーマティブ・アクション）によって学校への入学定員に人種別の枠を設けるなどの政策がとられたりした。

しかしハイエクは、こうした積極的な自由の概念を否定し、真の自由は消極的な概念でしかありえないとする。この区別はヘーゲル以来のもので、わかりにくいが重要である［1960：19］。

歴史的には自由は、奴隷を解放して特定の権利を与える、あるいは特定の商人に貿易の特権を与えるといった形で、個別の積極的な権利の積み重ねとして獲得されてきた。したがって人々は自由を具体的な行動を行なう権利としてイメージしがちである。

しかしこうした自由は、基本的には人々の行動を束縛することを原則とし、その例外として認められる権利だから、権力者の気が変われば容易に剝奪されてしまう。そして、こうした特権の与えられない大多数の人々は相変わらず不自由だ。真の自由とは、本来すべての人が無条件の自由をもち、例外的な（ルールとして明示された）場合にのみ特定の行動が禁止されるという消極的な概念でなければならない。それは人々の行動が予測不可能であり、何が望ましい行動であるかをだれも知らないからである。

もし全知全能の人がいて、現在の希望ばかりでなく、将来の欲求や欲望も達成されるかどうかを知っていれば、自由の必要はほとんどない。逆に、個人の自由は将来についての完全な予測を不可能にする。したがって自由は、予測も予言もできない未知の可能性を開くために必要なのだ。［中略］人々が知っていることはあまりにも少なく、とくにだれがもっともよく知っているかを知らないから、われわれは多くの人々の独立した行動と競争的な努力によって、望ましい未来が自発的に生まれてくることを信じるのだ。［1960: 29］

この意味で、ハイエクの自由の概念は、彼が一貫して主張してきた「本質的な無知」の概念と結びついている。「新しい古典派」が想定するように、世界の最初に永遠の未来にわたる意思決定が一回だけ行なわれ、あとは人々が決めたとおりに行動するなら、自由は必要ではないどころか、「最適成長経路」から逸脱する結果をもたらす。そこで許される自由は、計画当局の決めたとおりに行動する自由だけだ。

自由が抽象的な概念だということも、ハイエクがたびたび強調することだ。われわれは将来何が起こるか（起こらないか）についてほとんど知らないし、個々人の行動の相互作用によって「意図せざる結果」が生じることも多い。だからといって、具体的に許される行動（ポジティブ・リスト）として自由を列挙しておくと、そこから外れた行動が自動的に禁止される結果になる。

自由や権利の内容を積極的・具体的に規定する傾向は、大陸法やその伝統を受け継いだ日本の法律に強い。その典型が、著作権法である。そこでは著作権を制限できる理由として、具体的に次のような場合をあげている。

第三〇条　私的使用のための複製
第三一条　図書館等における複製
第三二条　引用
……

著作物を自由に利用できるのは、ここに列挙された場合に限られ、それ以外の場合には著作権の侵害になると解釈される。したがって、たとえば検索エンジンが他人の著作物を複製・編集する行為は、違法だというのが一般的な解釈である。そういう判例が出たわけではないが、日本の検索エンジンは海外にサーバを置いている（それでも事業者が国内にあると違法の疑いがある）。検索エンジンについては、文化審議会で著作権の例外規定に含める方向で検討が行なわれているが、自由に複製できる場合がこのようにポジティブ・リストで示されているため、新しい技術が出てくるたびに法律を改正しなければならない。

一方、英米法では著作権法の例外は「フェアユース」という形で抽象的に決められているので、検索エンジンはフェアユースであるという判例で保護されている。英米法でも自由を制限することが原則になっていることは同じだが、その制限が抽象的であるぶんだけ、慣習法による常識的な裁量の余地がある。

このように法律の性格の違いが自由の内容に大きな影響を及ぼすことについては、のちほどくわしく説明するが、重要なのは、利用者の権利の制限を原則にし、例外的に許可するという形でルールを決めると、当初予想されなかった事態に対応することが困難になるということだ。だから自由は、最小限度のネガティブ・リストで制限し、制限内容も抽象的に規定しなければいけないのである。

自由主義の二つの伝統

西欧世界の自由主義には、二つの伝統がある。一つは大陸の啓蒙思想に始まり、デカルトからルソー、そしてイギリスではホッブズに至る合理主義の思想である。ここでは自由は、合理的な主体の契約によって設立される国家によって保障される権利である。その国家は、封建的な特権を打倒する革命によって樹立されるので、ルソーの思想はフランス革命の理論的支柱となった。

しかし、ルソーの『社会契約論』をよく読むと、国家の主権者となる「一般意志」は、自発的な契約や民主的な選挙で決まるわけではなく、「団結する各人がみずからを、そして自分のすべての権利を社会全体に完全に譲り渡すこと」によって成立するという曖昧なものだ。ホッブズも「万人の万人に対する闘い」を解決して無政府状態を脱するためには、すべてを決定する主権者としての専制君主が必要だと主張した。

このような合理主義は、大陸では一貫して主流であり、その後、カントを経てヘーゲルによって完成された。ヘーゲルは『歴史哲学』の有名な序文で、「世界の歴史とは、精神が本来の自己をしだいに正確に知っていく過程を叙述するものだ」としたうえで、「東洋人はひとりが自由であると知るだけであり、ギリシャとローマの世界は特定の人々が自由だと知り、われわれドイツ人はすべての人間が自由だと知っている」とのべた。

これは当時のドイツが民主主義だったという意味ではない。プロイセンは君主国だったが、御用学者ヘーゲルにとっては、ドイツ皇帝の定めた正しい秩序に従うことが真の自由であり、「自由とは必然の実現にほかならない」。こうして自由と必然という対立概念は「弁証法的に統一」されるわけだ。

同様のレトリックは、マルクスもよく使っている。「資本主義が共産主義に必然的に移行するなら、それを実現するための共産党という組織は自己矛盾ではないか」という皮肉な質問に対して、マルクスはいつもこのヘーゲルの言葉を引用して答えた。哲学としては、マルクスの理論は本質的にヘーゲルの弁証法を言い換えただけで、あまりオリジナルなものではない。

このように歴史には一定の法則があり、その法則に従うことによって望ましい社会が必然的に実現する、という考え方は、のちのドイツ歴史学派などにも継承された。ポパーは、こういう思想を「歴史主義」と呼び、個人の行動から独立して動く「共同体」や「歴史的運命」を実体化する発想が全体主義をまねいたと批判した。ただ、こうした批判は新しいものではなく、前述のようにメンガーがすでに歴史学派に対して行なったものだ。（本書二八ページ）

自由は先験的に明白な自然権でもなければ、国家によって与えられる権利でもなく、長い間の習慣によって自発的に形成されたルールであり、法律や契約に明文化されているとは限らない。事実、イギリスにおける自由の拡大の歴史は、王の恣意的な課税に対して納税者が抗議し、王との協定としてマグナ・カルタが結ばれる、といった妥協の連続によって実現しており、明文の憲法はない。その代わり、不文律としての慣習法が憲法のような役割を果たしており、特定の法律が「慣習法に反する」として棄却されることもある。

しかしこうした慣習法は、ともすると前例踏襲主義になりがちで、古い習慣が新しい試みを妨害することもある。そういう場合には、慣習法を新しい状況に適応させることに成功したコミュニティが繁栄するという「淘汰」のメカニズムが働くとハイエクは考える。つまり合理主義的な伝統においては、自由は旧体制を破壊する革命（revolution）によって実現するものと考えられているのに対して、経験主義の伝統では漸進的な進化（evolution）によって自由を獲得すると想定されているのだ。

合理主義者は、人は最初から知性と倫理をそなえており、それによって意識的に文明を築いたと考えているが、進化論者はそれは試行錯誤の結果、苦労して蓄積された成果であることを明らかにしている。［中略］そうした自然発生的な制度の意味は、あとになってわかるが、当時は人々がその目的もわからないままにつくった結果、役に立つようになることが多いのである。[1960：60]

ここにはハイエクがメンガーから学んだ「意図せざる結果」の発想が生きている。そして、だれも意図的に構築したわけではないのに、結果的に多くの人々の役に立っている制度の代表が、市場である。

したがってイギリス経験論の元祖とされているジョン・ロックの「自然権」の概念を、ハイエクは斥《しりぞ》ける。「人々の努力を望ましい結果に導くのは、いかなる意味でも『自然な自由権』ではなく、生活や自由や財産を守るために進化してきたさまざまな制度である」。先験的に（神によって）与えられた権利とか理性を想定することは、特定の制度を絶対化する結果になりやすい。自由は、そのような絶対的な根拠をもたないがゆえに自由なのである。

伝統の意味

だから合理主義的な革命家が伝統的な価値を一挙に変革しようとするのに対して、ハイエクは「自然発生的にできた制度を維持し、起源や根拠のはっきりしないルールを守り、伝統や習慣を尊重せよ」と論じる。それは先人が現代人より賢かったからではない。何百年の歳月を経て生き残ってきた制度は、いわば歴史の実験によって何度も有効性を検証されてきたのであり、個人の経験をはるかに超える価値があるからだ。

伝統のもう一つの長所は、人々が昔からもっている習慣は、法的な権力によって強制しなくても自発的に守られるということだ。権力の発動が望ましくないことはいうまでもないが、もっと重要なのは、ルールが内面化されているため、だれも見ていなくても「習慣に従わないと気持ちが悪い」ということだ。

他人の目を盗んで怠けたり悪いことをしたりする行為を経済学で「モラルハザード」と呼ぶが、日本人にはあまりなじみのない言葉だ。日本のように同質的な社会では、良くも悪くもムラ的な掟が共有され、だれも見ていなくてもその掟を守る習慣が形成されていたのだ。ただし最近では、都市化にともなってこうしたムラ的なルールが通用しにくくなっている。

こうした慣習法的なルールは、だれかが合理的に設計したものではない。ヒュームが指摘したように、「道徳のルールは、理性による結論ではない」のである。それは言語が文法学者によって設計されたものではないように、多くの人々の相互作用のなかから自然発生したものだ。法律のような文書になっていないので、人々の合意さえ形成できれば、状況の変化に合わせて変更するのも容易だ。

しかし新しい自然言語を作ることができないように、このルール全体を新たに作り変えることはむずかしい。作り変えが行なわれるのは、戦争とか革命などの大規模な変化が起こったときで、その結果よりよいルールができるとも限らない。パリ市民の三分の一を死刑台に送ったフランス革命や、数千万人を「粛清」したロシア革命のような悲劇が起こるのは、こうした革命の指導者が自分の合理性を信じるあまり、その意図せざる結果まで予測できなかったからだ。

ハイエクは無神論者なので、宗教にはほとんど言及しないが、ジョン・グレイも指摘するように、こうした道徳を内面化するうえで宗教が重要な役割を果たしている。多くの宗教で、教典を無条件に信じることが求められるのも、人々が同じ教えを信じているということ自体が、社会を安定化させるうえで重要だからである。

したがって伝統や常識に必ずしも合理的な意味があるわけではないし、「保守主義者」がいうように古来から受け継がれてきたとも限らない。たとえば日本の結婚式では、男性は黒いスーツに白いネクタイ、葬式では黒いネクタイが正装だが、こういう習慣が広まったのは戦後であり、それまでは和服が正装だった。

これはゲーム理論の「焦点」という概念で説明することができる。もし結婚式で黒いネクタイが常識だとしたら、そういう服装で出席することが焦点になるので、それに合わせることが合理的な行動だ。同様にみんなが白いネクタイをするなら、自分も白いネクタイをすることが合理的だ。つまり、服装がそろう焦点（望ましい状態）は複数あり、合理性だけではどちらとも決めることができない。こういうとき、習慣によって焦点が白いネクタイと決まっていれば、だれもが習慣に合わせるので、人々の服装がそろう。なぜそれが焦点になるのかは、合理的に説明できない。

言語も同じだ。ソシュールが説いたように、なぜ「木」がフランス語では arbre で、英語では tree なのか、合理的に説明することはできない。記号とその対象の関係は「恣意的」なのである。自然言語の文法は、不規則動詞や男性・女性名詞など不合理な面があるが、それを合理的に改造しようとするのは、エスペラントをつくるようなもので、たとえその文法が合理的でも、普及しない。習慣や言語は、多くの人々が使っているがゆえに自分も使うというトートロジーになっているからだ。

ハイエクは保守主義者か

こうした観点から、ハイエクはフランス革命を批判したエドマンド・バークを高く評価し、合理主義的な目的を掲げて革命によって社会を計画的に建設しようとする計画主義を批判する。バークは『フランス革命についての省察』で、フランス革命を強く批判し、「革命の精神は、利己的な性情と狭隘な視野の産物である」と断じ、イギリスのように先祖から伝えられる伝統にもとづいて漸進的に改善することが望ましいと論じた。

こうした言説によって、バークは保守主義の元祖とされるが、「改良の精神を決して排除しない」と言っているように、彼は現状を無条件に維持せよと主張したわけではない。事実、バークはアメリカ独立革命を支持した。フランス革命とは違って、植民地の人々が自治の権利を回復する闘いだったからである。

ハイエクがバークを評価し、サッチャー首相が率いるイギリスの保守党がハイエクの理論にもとづく政策を実施したことから、ハイエクは保守主義者に分類されることが多い。しかし彼自身は保守主義者と呼ばれることをきらい、「なぜ私は保守主義者ではないか」[1960: 397-]という論文を書いている。

この論文で、彼は自分の思想をバークと同じ「古いホイッグ」だとしている。ホイッグ党というのは、一七世紀から一九世紀までトーリー党（現在の保守党）と対立した党で、その後、自由党となったが、保守党と労働党の二大政党になってからは、次第に勢力が小さくなった。

ハイエクは労働党の政策について、『隷従への道』などで強く批判していたので、どちらかといえば保守党に近いのだろうが、貴族の出身者が多く、既得権を擁護する傾向の強い保守党の政策には、必ずしも賛成していない。とくに保守党にナショナリズムが強いことには懸念を示し、「保守主義がしばしば全体主義に陥るのは、このナショナリズム的なバイアスが架け橋になっている」とのべている。

では、ハイエクの思想を何と呼べばいいのだろうか。呼び方については、じつは彼も困っていた。「リベラル」という言葉は、とくにアメリカでは「大きな政府」を望む人々をさす言葉として使われるので、好ましくない。そのため、アメリカではシカゴ学派などを「リバタリアン」と呼ぶことがあるが、いかにも人工的な代用品のような呼び方だ。結局、彼は自分の所属する党があるとすれば、「自由な成長と自発的な進化を好む党」とでもいうしかないと結論している。

こうした政策は、「新自由主義」とか「ネオリベラリズム」と呼ばれることもあるが、こうした呼び方には否定的なニュアンスがこめられていることが多い。むしろ日本語では、自由主義という言葉に変な色がついていないので、本書ではハイエクの思想を「自由主義」と呼ぶことにする。

ただ、サッチャー政権の政策は、ある意味では労働党よりよほど過激な改革であり、とても「保守的」な政策とはいえない。計画主義を批判し、漸進的な変化を説いたハイエクの理論が、戦後のイギリスでもっとも「革命的」な政策を実施したサッチャー政権に引用されたのは皮肉だが、これはハイエクの保守主義と自由主義の二面性を示している。

第六章

自由主義の経済政策

戦後しばらくの間、ハイエクはケインズとの論争に敗れた傍流経済学者として忘れられ、資本主義を賞賛して現体制を擁護する保守反動として軽蔑されてきた。アメリカには社会主義を掲げる政党はなかったが、ケインズ的な「修正資本主義」によって市場をコントロールするのが進歩的な考え方とされ、サミュエルソンの教科書に代表される、新古典派経済学とケインズ経済学を折衷した「新古典派総合」が標準的な理論として、世界中の大学で今も教えられている。

しかしサミュエルソンの教科書にも明らかなように、ミクロ経済学とマクロ経済学は、論理的につながっていない。ミクロ経済学が正しいとすれば、失業があるかぎり賃金は下がり、需要と供給が均衡する完全雇用が実現するはずだが、マクロ経済学では、なぜか有効需要は必ずしも総供給と一致しないと教える。なぜ需要と供給が一致しないのか、一致するミクロ経済学との違いは何なのか——。

このようにケインズ経済学に「ミクロ的基礎」が欠けているという問題は、ながく論争のテーマになってきた。一時は、ハイエクのようにマクロ経済学を否定するのはケインズに論破された古い経済学だと思われていたが、一九七〇年代以降はむしろケインズ理論をミクロ経済学に解消するような理論が優勢になった。こうした論争は、大学のなかだけの問題ではなく、英米の経済政策に強い影響を与え、世界経済にもかかわるテーマだった。

ケインズ政策の限界

一九六〇年代、アメリカは高い成長率を実現し、ケインズ的な金融・財政政策の「微調整」によって景気循環はコントロールできると考えられた。こうした「新しい経済学」を代表するサミュエルソンやジェームズ・トービンのような「リベラル」が、民主党政権の顧問として経済政策に大きな影響を与えた。

しかしシカゴ学派の一部の人々は、こうした主流の理論に異議を唱えてきた。とくにフリードマンが実証的に追跡したのは、本当にケインズ理論は有効だったのか、という問題だ。ニューディールが行なわれていた一九三〇年代も、アメリカはずっと二〇％近い失業率が続いており、改善したのは第二次大戦の開戦後である。戦争末期には失業率は二％まで劇的に改善しているので、有効需要を拡大したのはニューディールではなく戦争景気だったという説も有力だ。

そのニューディールも、実際にはケインズに影響されたものではなく、ルーズベルト大統領自身、財政赤字は好ましくないと考えていた。一九三四年にルーズベルトはケインズの話を聞いているが、「統計の数字ばかりで理解できなかった」と語っている。彼の経済顧問にもケインズの理論を理解していた者はなく、ニューディールは単なる選挙向けのバラマキ政策だったのかもしれない。

また、ケインズのいうように金融政策が無効だったのかどうかも疑問である。ミルトン・フリードマンとアンナ・シュワルツの大著『アメリカの金融史一八八七－一九六〇』は、一九三〇年代のＦＲＢ（連邦準備制度理事会）の金融政策を詳細に検討し、大恐慌が長期化した最大の原因は、ＦＲＢが十分に通貨を供給せず、銀行の倒産を放置して通貨供給を大幅に収縮させたことにあると主張した。

ケインズ政策が見直される最大のきっかけになったのは、一九七〇年代から欧米に広がったスタグフレーション（インフレと失業の同時進行）である。統計データによれば、失業率が下がると物価が上がり、物価が下がると失業が増える、というトレードオフの関係（フィリップス曲線）があるとされていた。これはケインズ的な失業対策を行なうと通貨供給が増えてインフレが起こり、物価を安定させようと緊縮財政をとると失業が増える、と理解できる。

ところが一九七〇年ごろから、このトレードオフが崩れ、欧米では失業率も物価上昇率も一〇％台という状況が長期にわたって続くようになった。こういう状態は、ケインズの理論では説明できないし、金融・財政政策による微調整も困難になる。失業を減らそうとして財政支出を増やしてもインフレが悪化するだけで、失業率が下がらないからだ。

そのため財政赤字も増え、ケインズ政策の有効性に疑問がもたれるようになった。こうしたなかで、それまでは異端とされていたシカゴ学派の理論が注目され始めた。とくにフリードマンが一九六八年に発表した「自然失業率」の理論は、賛否両論の大きな反響を呼んだ。

この理論によれば、財政政策によって失業が減るのは、一時的な錯覚によるものだ。たとえば単純な財政政策として、ヘリコプターから何百億円もの紙幣をばらまくことを考えよう。ケインズの理論によれば、これを拾った労働者はそれで商品を買い、それによって商店の所得が増え……という乗数効果で、景気が回復して失業が減ることになっている。

これが本当なら、政府は紙幣を印刷するだけで（コストなしで）失業をなくすことができるが、それは「フリーランチはない」という経済学の原則に反する。実際には、紙幣を増発するとインフレになるから、それを拾っている労働者の実質賃金（名目賃金／物価水準）は下がる。つまり失業が減るのは、実質賃金がインフレで切り下げられ、労働需要が増えるからなのだ。

そのうち労働者はインフレに気づき、賃金交渉もそれを織り込んで「物価上昇率＋何％」という物価スライド方式で行なわれるようになる。そうすると実質賃金も上がるので労働需要が減り、失業率も元に戻る。その水準はゼロとは限らない。自発的に職探しする人などの「摩擦的」な失業はつねにあるので、物価の安定する水準の（ゼロではない）「自然失業率」がある、というのがフリードマンの理論だ。

この理論によれば、長期的には物価と失業率のトレードオフはなく、失業を自然失業率以下の「完全雇用」にしようと財政政策を実施するとインフレが起こり、最初は実質賃金が下がるので失業が減るが、しばらくするとインフレを織り込んで賃上げが行なわれるので、実質賃金は元に戻り、失業率は元の水準に戻ってしまう。失業率を減らすには、人々の期待以上に物価上昇を加速するしかない。つまりケインズ的な財政政策は、一時的にインフレを起こして実質賃金を下げるという「貨幣錯覚」を利用しているだけで、人々がインフレを期待に織り込むときかなくなる、ということになる。

この自然失業率（物価上昇率を一定とした場合の失業率）というのは仮説的な概念であり、必ずしも統計的に安定した自然失業率が観測されているわけではない。しかし、この仮説は、当時の欧米の状況を見事に説明しているようにみえた。そして一九八〇年代以降、英米の政権でフリードマンの主張に近い、通貨供給を安定させる金融政策をとった結果、初期には失業率が急上昇するなどの問題も発生したが、インフレが終息し、次いで景気も回復した。

異端から主流へ

このようにケインズ経済学への疑問が広がるなかで、一九七四年にハイエクがノーベル経済学賞を受賞したことは、世の中の流れを変えるきっかけになった。その受賞講演で、ハイエクはスタグフレーションについてこうのべている。

こうした失業は、なぜいま流行している理論の推奨するインフレ的な政策で、いつまでも直らないのでしょうか。その正しい説明は、私の考えでは異なる商品やサービスへの需要の分布と、そうした製品をつくるために必要な労働その他の生産要素の配分との食い違いにあるようにみえます。［中略］経済システムにいつまでも政府の資金を投入しつづけても、それは一時的な需要を作り出すだけで、それをやめたり減らしたりしたら、また元に戻ってしまいます。［1974］

この議論は一九三〇年代にハイエクがケインズとやった論争の裏返しである。当時はデフレのもとで失業を減らすことが問題だったので、ケインズの処方箋はある程度、意味があった。高い失業率のもとでは財政政策によってインフレが起こる心配はなく、財政赤字もそれほど大きくなかったからだ。しかし戦後のように、完全雇用に近い状態（自然失業率）で失業をゼロにしようと財政支出を増やすと、インフレが起こる。

ハイエクはのちにインタビューで、ケインズについて「彼は政治的な必要に迫られて堕落したのです」と語っている。ケインズの立場は、よくも悪くも柔軟に変化した。ハイエクが第二次大戦中に書いたインフレに反対する論文にケインズは賛成し、『隷従への道』にも賛辞を送った。

ハイエクは、「長期的には、われわれは死んでしまう」というケインズの有名な言葉についても、「彼がいま何が政治的に可能かという問題にばかり気をとられ、長期的に何が望ましいかを考えなかったことを示しています」と批判する[1977]。一九三〇年代からハイエクに一貫しているのは、市場には長期的な調整メカニズムがあり、それを政府が攪乱することは混乱を増幅するだけだ、という信念である。

しかし長期的とは、どれぐらいの期間なのだろうか。一九三〇年代のように金融システムが崩壊しているときには、対症療法としてケインズ的なバラマキ政策がある程度は有効だったことも否定できない。現在でも、アメリカのサブプライム・ローンによる金融危機で、FRBのバーナンキ議長は「金融政策だけでは対応できない」と財政政策の発動を求めている。

ケインズも、財政政策が長期的な経済成長を押し上げるエンジンにならないことは認めていた。彼は『一般理論』のなかで、経済を動かすのは投資家の心理的な「アニマル・スピリッツ」だとし、アニマル・スピリッツそのものを政策的に動かすことはできないと考えていた。

先進国で財政政策が採用されなくなったのは、政治的な理由からでもある。ケインズ以来の総需要管理政策では、有効需要の水準だけが問題で、その中身はどうでもよい（金の入った瓶を掘り出す作業でもよい）と考えられてきたが、これは政治家の利権あさりに利用され、選挙が近づくと景気対策が行なわれてインフレになり、選挙が終わると不況になる「政治的な景気循環」が起こるようになった。

このような政策で行なわれた公共事業（主として土木事業）に、無駄が多いことも事実である。財政支出を決めてから、実際にそれが行なわれて効果が出るまでには時間がかかるので、そのころには景気が回復していて、かえってインフレを増幅してしまうこともある。また減税は、そのぶんが貯蓄に回るだけで、有効需要はあまり増えない場合もある。いずれにせよ、社会が成熟するにつれて、市場の自動調整機能が働きやすくなることは確かで、この意味では現実がハイエクの理論に追いついたともいえる。

こうして現在では、ケインズ的な財政政策をとる国は、先進国ではほとんどなくなった。一九九〇年代に行なわれた総額一〇〇兆円を超える日本の「景気対策」は、それから二〇年近く遅れて実施された時代錯誤のケインズ政策だったが、結果的には膨大な財政赤字を残しただけに終わった。

かつて大蔵省は、不況のときには歳出を減らし、好況のときには歳出を増やす「均衡財政主義」をとり、日本の経済学者はそれを批判しつづけた。そして大蔵省の首脳にも、ようやくケインズ経済学を理解できる人が出てきたころ、すでに世界各国はケインズ政策をやめていたのだ。

とくに一九九一年に宮沢喜一が首相になったことは、不幸なめぐり合わせだった。自民党きっての経済通とされ、のちには蔵相もつとめて「平成の高橋是清」などと呼ばれた宮沢氏は、大型公共事業などのケインズ政策を九〇年代にとりつづけた。彼はのちに「今でもケインズ理論が正しいと信じている」と語っている。

ハイエクとフリードマン

一般には、ハイエクとフリードマンは同じ思想の二人の代表者だと思われているが、実際には彼らの育った知的環境も、その基本的思想もかなり違う。ハイエクは前述のように、敗戦後のウィーンのニヒリズムの影響を受けて、政府が民間よりよいことができるという歴史学派などの介入主義に疑問をもった。

他方、フリードマンは大恐慌の最中に青春時代を過ごし、こういう事態に経済学に何ができるのかを考えるようになった。彼はハイエクのように哲学を語ることはほとんどなかったし、おそらく興味もなかっただろう。彼の思想的バックボーンは、ごく単純なアメリカ的プラグマティズムであり、合理的な個人と自由な社会への信念だった。

フリードマンはハイエクのように経済学そのものを離れることはなく、フリードマンの理論は、一九六〇年代までは異端扱いされていたが、八〇年代以降、シカゴ学派の流れを引く合理主義的な経済学が主流になった。

初期の彼の業績は、主として実証研究で、とくに人々が生涯を通じての「恒常所得」に応じて合理的に消費を行なうという仮説を、膨大な時系列データで実証した。「人間はシカゴ学派の想定しているように合理的ではない」という批判に対しては、「仮説が現実的かどうかはどうでもよい。重要なのは、その仮説から導かれる結論が実証データに合うかどうかだ」という方法論を、『実証経済学論集』で主張した。これは明らかにハイエクの「無知」を基盤とする経済学とは相容れない哲学で、ハイエクはのちに次のように述懐している。

彼ら〔フリードマンたち〕は要するに、方法論的には論理実証主義者です。経済現象は、マクロ現象として説明可能であり、さまざまな集計量と平均値のなかから原因と結果を確定できる、と彼らは信じています。しかし、これはある意味で正しいように見えますが、必然的な関連性はないのです。〔中略〕『実証経済学論集』は、かなり危険な本なのです。
[1994: 186–187]

ハイエクの出発点は、「経験的な事実から、論理的に法則を帰納することはできない」というヒュームの懐疑だった。これはウィーンでかつて支配的だった、演繹と帰納によって機械的に命題の成否を決定できると考える論理実証主義を否定するものであり、ハイエクの自由論も、もとはといえばこうした懐疑主義にもとづくものだ。

しかしフリードマンにとっては、そういう哲学的な問題はどうでもよく、計量経済学という新しい方法論で自分の仮説を証明できればよかった。経済学界では、次第に数式による演繹的な経済モデルか、統計による計量分析を含まない論文は、正式の業績とみなさない傾向が強まっていたので、フリードマンの論文は、その意味では主流の経済学の枠内に収まった。

だから経済学界への影響という点では、フリードマンのほうがはるかに大きく、彼の自然失業率理論がケインズ理論を倒したといっても過言ではない。しかし哲学的な射程という点では、ハイエクのほうが広く、その影響力は合理主義的な経済学が衰えるにつれて強まっているようにみえる。

また金融政策については、両者の考えはまったく違っていた。フリードマンは、中央銀行が通貨供給の成長率を一定にすべきだという「マネタリズム」を唱えたが、これは理論的にも実証的にも疑問が多く、現在ではそういう政策をとっている国はない。中央銀行の通貨供給量と現実に市場で流通する通貨の量との間に、安定した関係（流通速度）はないからだ。

フリードマンは「マネタリスト」と呼ばれることが多かったが、このもっとも重要な戦線で、彼は敗れたのである。

一方で、ハイエクは通貨の発行も自由化し、民間銀行が通貨を発行してもよいと主張した。通貨発行の自由化は、電子マネーなどによって、ある意味では現実になっているともいえる。フリードマンが合理主義者であり、現実的である一方で、ハイエクは反合理主義者であり、未来的だったともいえよう。

サッチャーとレーガン

サッチャー首相が政権についた一九七九年当時のイギリスは、巨額の財政赤字と恒常的なインフレに加えて、労働組合のストライキが続き、「イギリス病」と呼ばれる現象が続いていた。とりわけ石炭など国営企業の労組は、ほとんど政府のコントロールがきかない強力な存在となり、政府との交渉が失敗に終わって三つの内閣が倒れていた。

サッチャー首相は、「だれがイギリスを支配しているのか」と全面的な戦いを挑み、炭鉱を閉鎖するなど強硬な措置をとった。あまりに長く続いたストライキに倦んだ世論も政府に味方した。労組は分裂し、一年以上にわたる対決のすえ、労組側が全面的に敗北した。サッチャー首相は一五を残して炭鉱を閉鎖し、その一五の炭鉱も民営化した。

続いてサッチャー首相は、政府の規模を縮小する「小さな政府」の方針を掲げ、国営企業の民営化に取り組んだ。赤字の続いていた英国航空（ＢＡ）やブリティッシュ・スティールを民営化し、アメリカのＡＴ＆Ｔ分割とほぼ同時に、英国通信会社（ＢＴ）も民営化した。

彼女の経済政策は、フリードマンなどマネタリストの助言に従って通貨供給量を安定させ、インフレを抑制することを目的としたものだった。このため不況のなかで金利を引き上げ、財政赤字を減らすために増税する政策をとった。こうした「荒療治」は、初期には失業率の急増をもたらし、強い批判を浴びたが、やがてインフレは終息し、次いで成長率も回復した。

サッチャーが首相になった翌年、アメリカの大統領に選ばれたロナルド・レーガンは、フリードマンなどシカゴ学派の経済学者を顧問とし、小さな政府をめざす規制撤廃（ディレギュレーション）を進めた。「レーガノミックス」と呼ばれた彼の経済政策は、いわゆるサプライサイド・エコノミックスなどを含むかなり支離滅裂なもので、減税によって財政赤字が膨らんだが、結果的には連邦政府の肥大化を防ぎ、アメリカの衰退を食い止めるのに貢献したというのが現在の評価である。

このような「保守主義」を掲げる政権が、結果的には戦後の先進国ではもっとも革命的な政策を実行した。こうした改革が、経済界からの要請だったことは事実だが、労組の強大化や福祉政策の肥大化によって経済が疲弊していたため、国民の支持も強く、サッチャー政権は一一年あまり、レーガン政権も八年続いた。

その歴史的な評価はいろいろあるが、少なくともその後、英米の経済成長率が回復したことは確かである。とくに、かつては欧州の最貧国グループに入れられていたイギリスが、今では一人当たりGDPでG8諸国の二位になっている。労働党政権でさえ、民営化された企業を再国有化しようとはいわない。流れは変わったのである。

構造改革

サッチャーやレーガンの改革が先進国の経済政策の分岐点となった。一九八〇年代には、国営企業の民営化は世界的潮流となり、五〇カ国以上が民営化を行なった。日本でも、八〇年代に中曽根政権によって国鉄や電電公社の民営化が行なわれたが、こうした自由主義を正面から掲げたのは、何といっても小泉政権だろう。

「構造改革」という言葉は、小泉政権が生み出したキャッチフレーズだと思われているかもしれないが、もともとはイタリア共産党の指導者トリアッティが一九四〇年代に提唱した、暴力革命によらずに議会で社会主義革命を行おうとする方針のことである。日本でも社会党の江田三郎氏などがこの路線をとったが、左派から「改良主義」と批判され、江田は党から追放された。

ことほど左様に構造改革というのは多義的な言葉であり、とくに「リフレ（人為的インフレーション）派」を自称する人々は「構造というのは曖昧だ」などと批判した。しかし小泉内閣の経済政策を立案した竹中平蔵氏（元経済財政担当相）のいう構造改革の意味は、それほど曖昧ではない。一九九〇年代末には、数十兆円の財政出動によって日本の財政赤字が世界最悪になったにもかかわらず、経済は回復しなかった。そこでマクロ政策に頼らず産業構造の改革で生産性（潜在成長率）を高めることが大事だ、と竹中氏が総裁候補だった小泉氏に説いたことが始まりである。

とくに一九九〇年代の日本の場合、構造改革とは不良債権の処理につきるといってもよかった。単なるバブル崩壊の副産物ではなく、官庁と銀行に依存した中央集権的な経済構造の破綻だったからだ。この点で日本の構造改革は、サッチャーやレーガンのような福祉国家との闘いではなく、「官僚社会主義」との闘いだったといえよう。

したがって、労組が主要な敵だったサッチャー＝レーガン改革とは違って、日本の改革は、政権のインフラである官僚機構との闘いというむずかしいものになった。戦後、何度も「行政改革」が着手されては失敗したのも、改革を法律として実施する官僚の頑強な抵抗があったからだ。

政治家がシステム・エンジニア（ＳＥ）であるとすれば、官僚はプログラマーである。プログラマーは、建て前としてはＳＥの決めた仕様をコーディングするだけの中立的な存在だが、彼らは仕様を具体化する技術を独占しているため、サボタージュしようと思えばいくらでもできる。構造改革は、いわばプログラマーを削減するためのコーディングをプログラマーにやらせるようなもので、闘いは非常に複雑になる。

しかも不良債権問題は、官僚機構のコアである大蔵省の下部機関ともいうべき銀行が実質的に経営破綻するという非常事態だった。一九九〇年代初期には一〇兆円程度の規模だった不良債権の処理を先送りしたため、最終的な純損失は邦銀全体で一〇〇兆円を超えたのである（金融庁調べ）。

不良債権を処理（清算）すると、多くの銀行が消滅し、日本経済を支えてきた銀行を中心とする資金循環が大きく変わるだろう。銀行の権力を支えてきた資金が、資本市場で流通するようになるかもしれない。銀行の経営破綻を避けるために、彼らは数十兆円の公的資金と超低金利政策によって銀行を救済し、旧来の経済構造を守ろうとした。これが「失われた一〇年」と呼ばれる長期不況の最大の原因だ。

竹中氏は、一般には過激な改革をやったように思われているが、彼が「金融再生プログラム」で打ち出した資産査定の厳格化は、もともとやるべき不良債権処理を促進しただけだ。しかも長期にわたる超低金利政策によって、銀行の業務純益（営業利益）は史上最高になっていたために、処理することが可能であった。

唯一の問題は、査定を厳格化すると債務超過になるりそな銀行だったが、「破綻ではなく再生だ」と称し、債務超過ではないことにして、破綻処理を行なわずに合計三兆円の公的資金を注入した。結果的には、これをターニングポイントとして株価は回復し、日本経済も立ち直ったようにみえるが、金融システム改革は中途半端に終わった。

こうした竹中氏の政策は、かつては過激な新自由主義だったかもしれないが、現在では経済学者のコンセンサスといってもよい常識的なものだ。ハイエクは、経済学だけではなく、二〇世紀後半以降の世界を変えたのである。

第七章

自生的秩序の進化

一七一四年に『蜂の寓話――私悪すなわち公益』という本が出版され、大きな話題を呼んだ。バーナード・マンデヴィルという医師の書いたこの本は、当時の貧民教育や慈善事業を皮肉り、人々を動かすのは善意ではなく、邪悪な欲望だと論じた。欲望の結果として富が生まれる。「善意の人々の近視眼的な知恵が、もしだれもこの流れをそらしたり妨害したりしなければ、あらゆる大社会の本性から自然発生的に流れ出ると思われる至福を奪ってしまう」とマンデヴィルはのべている。

ハイエク［1986］はこの一節を引用して、マンデヴィルが「自由放任」の哲学を発見した最初の人物だと評価している。利己心や自己愛は悪徳だと思われているが、それがなければ人々は金をもうけようとも思わないし、働こうともしないだろう。そうした悪徳がビジネスを生み出し、人々を互いに豊かにするのだ。慈善事業の資金を稼いでいるのは、こうした悪徳を重ねている商人たちである。

しかし人々が利己的に行動した結果、その利害が一致するのはどういう場合だろうか。おそらく一定のルールが必要であり、まったく自由放任で泥棒も贋金《にせがね》も許すというわけにはいかない。そのルールは誰かが意図的につくったものではなく、言語のように長い年月をへて形成されてきたものだ、とマンデヴィルは考える。「人間の知恵は、時間の子である。ひとつの観念を確立したのは、ひとりの人間の考案でもなければ、数年がかりの業であったとも考えられない」。ハイエクは、この偽悪的な本を「自生的秩序」の概念を最初に提示したものとして評価する。

人々は自然と秩序を二分する思考に慣れているが、ギリシャ人は二種類の秩序を区別していた。人為的な秩序（タクシス）と自然発生的な秩序（コスモス）である。タクシスは官庁や企業のような組織としてわかりやすいが、コスモスは言語や慣習など、自然の秩序ではないが、かといって人間が意図的につくった秩序でもない。これをハイエクは「自生的秩序」と呼んだ。この思想は、ヒュームの「道徳のルールは理性による結論ではない」という言葉が出発点だった、と彼はのべている。

見えざる手

計画主義の誤りは、人間世界の秩序を人工的な組織と同一視することにある。組織は建築物のように、あらかじめ決まった設計にもとづいて計画的につくることができるが、社会全体を計画的に構築することはできない。社会全体には与えられた目的がなく、人々は各自の利己心にもとづいて行動するので、集権的にコントロールできないからだ。

ただハイエクは、組織を否定しているわけではない。たとえば企業では、各部門が統一的な経営戦略にもとづいて行動することが必要だ。しかし「大きな社会」では、人々の利害は一致しないので、各自の行動が合成された結果は、だれも意図しなかった秩序（あるいは混乱）を生み出す。社会全体を計画的に動かそうとする社会主義や全体主義は、こうした意図せざる結果の法則を理解していないのだ。

マンデヴィルの本は当時ベストセラーとなり、同時代のアダム・スミスにも影響を与えた。彼の『国富論』にも、利己的な行動の結果が「見えざる手」によって公益を増進するという思想がのべられている。「見えざる手」という言葉は『国富論』で一回しか使われていない。それは次のような文脈である。

彼はふつう、社会公共の利益を増進しようなどと意図しているわけではないし、また自分が社会の利益をどれだけ増進しているのかも知らない。［中略］だが、こうすることによって、彼は他の多くの場合と同じく、見えざる手に導かれて、みずからは意図してもいなかった目的を促進することになる。（第四篇第二章）

ここには、見えざる手とは誰の手なのか、そして人々の利己的な行動の結果、なぜ「社会の利益を増進する」結果になるのか、という説明はない。他方、彼のもう一つの著作『道徳感情論』では、他人に対する「共感」が秩序の基礎だと論じている。この説明は、人々が利己心にもとづいて行動すれば秩序が成立するという『国富論』の結論と矛盾するようにみえる。スミスは、この矛盾をどう解決していたのだろうか？

一つのヒントは、『道徳感情論』にも「見えざる手」という言葉が一回だけ出てくることだ。

農産物のすべてを地主が取り上げれば、貧しい小作人は餓死するだろう。小作人が死ぬことは地主にとって不名誉なことだ。だから「彼らは、見えざる手に導かれて、大地がそのすべての住民の間で平等な部分に分割されていた場合になされたであろう比率と、ほぼ同一の生活必需品の分配を行なう」。

これは『道徳感情論』のテーマである共感の概念と関連する。スミスは利己心を「第三者の目を意識しながら自己の利益を追求すること」と考えた。見えざる手とは、人々に共有されるこの「社会的自我」であり、神のメタファー（隠喩）だ。スミスが信奉していた理神論によれば、神は世界の外にいる人格的な存在ではない。この世の秩序そのものが神の設計したものだ。しかも、神は世界の最初に人間をつくったあとは姿を隠し、その後、世界は「時計仕掛け」で神の法則どおりに動く。

この理神論を物理学によって証明したのがニュートンだった。彼の発見した古典力学の法則には、ひとつの例外もなく、最初に初期条件と運動方程式を決めれば、世界の運動を永遠の未来まで予測できる。このように完璧な法則が、神以外の存在によってつくられたとは考えられない、という論理は、現代でも進化論を否定し「インテリジェント・デザイン」の存在を支持する人々に受け継がれている。

スミスもニュートンの物理学に強い影響を受け、同じように人間社会の秩序を決める法則を見出そうとした。それが「分業」である。人々は、自己の利益を最大化するために、各自の分担する仕事に最善をつくすことによって、個人ではつくれない製品を生み出す。さらに自分のつくった商品を他人と自由に交換することによって、自給自足の経済に比べればはるかに豊かな社会が実現する。

こうした観点から、スミスは重商主義を批判し、各国が（現代の経済学の言葉でいえば）比較優位のある商品を生産し、生産した商品を貿易によって交換することで、双方が豊かになると説いた。もちろん、スミスは当時、産業革命で競争力の高かったイギリス産業の利益を代弁していたのだが、この自由主義の思想は、その後も二〇〇年以上にわたって経済学の基本原理として受け継がれてきた。

しかしスミスは、文字どおりの自由放任を主張していたわけではない。彼は『国富論』のなかで、くりかえし独占や談合を批判し、「製造業者は、よりいっそうの熱意と一致結束をもって国内市場で競争者の数を増すおそれのあるいっさいの法律に反対する」と書いている。この観点は現代でも、大店法（大規模小売店舗立地法）に反対する商店街やインターネット放送を妨害するテレビ局などの行動を説明するのに使える。経済学が生まれる前から、独占業者が既得権を守るために改革に反対する行動は広くみられたのだ。

秩序の進化

しかし現代においては、秩序の形成を神の意志で説明するわけにはいかない。人々のばらばらの経済行動が、なぜ福祉を最大化するのかという問題は、経済学の最大のテーマだった。ワルラス以来の新古典派経済学は、ニュートン力学をモデルにし、市場での取引を力学的な平衡（均衡）に至る過程と考えた。価格の変動を超過需要（需要と供給の差）の関数と考えると、ニュートンの運動方程式とほとんど同じ微分方程式で価格変動を記述でき、一般均衡は連立方程式の解を求める問題に帰着する。

しかし一般には、そういう解が存在するかどうかはわからない。一般均衡の解が存在する条件を求めるには、トポロジーとか不動点定理といった高度な数学的技術が必要だった。一九五四年にアロウ＝ドブリューが証明した存在条件は、非常に特殊なものだった。そこでは、世界の最初に一度だけ、永遠の未来にわたるすべての取引についての正確な知識をもつ人々が価格を決め、その後は決めたとおりに取引を行なうと仮定されている。

この仮定はニュートン力学の絶対空間に似ているが、違うのはニュートンの古典力学はすべての物理現象を説明できるが、新古典派経済学はほとんど現実の経済現象を説明できないということだ。とくにハイエクが批判したのは、時間の概念が入っていないことである。古典力学の運動方程式は永遠の未来まで予測でき、時間について対称（時間がマイナスになっても成立する）だが、経済現象では未来の価格は予測できないし、一度やった失敗は取り返せない。だから古典力学をモデルにして経済をとらえること自体に無理があるのだ。

古典力学モデルにかわってハイエクが構想したのが、進化の概念にもとづく生物学モデルだ。生態系ではいろいろな生物が互いに捕食したり寄生したりしながら、全体としてはバランスが保たれている。経済システムでも、環境に適応した者が生き残ることによって非効率な個体が淘汰されるメカニズムが働いていると考えられる。

しかし経済システムが生態系と違うのは、経済行動にはルールが必要だということだ。他人のものを盗んだり、契約を一方的に破棄したり、国家権力が恣意的に財産を奪ったりすることが許されると、取引が成立しなくなり、経済全体が崩壊する。事実、共産圏が崩壊したあと、一挙に市場メカニズムを導入しようとした「ビッグバン」アプローチは失敗し、ロシアのＧＤＰ（国内総生産）は社会主義のころに比べて半減した。つまり文字どおりの自由放任では、経済システムは機能しないのだ。

『自由の条件』のころのハイエクは、人々は自由を求めているので、自由で豊かな社会は政府が介入しなければおのずから実現すると考えていたふしがある。バーク的な保守主義によって漸進的に改良することをよしとし、社会主義や計画主義を批判することが、その主要なテーマだったからだ。しかし晩年のハイエクは、法的な制度設計を考え、議会制度の改革などを唱えるようになる。こうした考え方は、かつての彼の立場からみると、計画主義に退行したとみられなくもない。

もし経済システムの進化にはルールが必要だとすると、何もしなければ自動的に秩序が成立するという無政府主義はとりえない。ルールの設計は必要なのだ。「設計主義」(constructivism)という訳語がミスリーディングなのは、こうした制度設計まで否定するような印象を与えるからだ。むしろ自由を妨害している最大の要因は、煩雑な規制や政府の裁量的な介入なので、規制を撤廃してルールを明確化する制度設計こそ、自由な社会を実現するために重要なのである。

ルールの功利主義

このような考え方は、個人の「効用」を基礎にして秩序（均衡）の成立を論じる現在の経済学の主流とはまったく異なる。現在の主流はベンサム以来の「最大多数の最大幸福」を目的とする功利主義だが、ハイエクはこの功利主義を斥け、「パレート最適」のような福祉最大化を政策目標とすることも否定した。

効用という心理的な価値を測定することは不可能であり、効用を社会的に集計することも意味がない。神のような観点から「社会」をコントロールして何事かを最大化するという発想は計画主義である。思えば、ミシェル・フーコーの『監獄の誕生』で有名な、一望監視装置（パノプティコン）を設計したのもベンサムだった。功利主義は、こうした「監視社会」

の発想と表裏一体だったのである。

現在では新古典派でも、効用は個人間で比較できないので集計することは不可能であり、たかだか序数的な概念（選好の順序）としてしか定義できない。しかし人々の選好順序も、アロウの「不可能性定理」として知られるように、民主的な手続きによって首尾一貫した「社会的福祉関数」として集計することは不可能である。この定理の一般的な証明はむずかしいが、直感的には簡単な例で示すことができる。たとえば三つの政策グー、チョキ、パーに順序をつける投票の結果が次のようになったとしよう。

グー＞チョキ＞パー：四〇〇票
チョキ＞パー＞グー：三〇〇票
パー＞グー＞チョキ：二〇〇票

これを集計してグーとチョキを比べると、グー＞チョキとする人の合計が六〇〇票（四〇〇票＋二〇〇票）で逆は三〇〇票だから、グー＞チョキとなる。同様にチョキ＞パーは七〇〇票で、逆は二〇〇票だからチョキ＞パー。通常の三段論法では、この結果、グー＞パーとなるはずだが、投票結果ではグー＞パーが四〇〇票でパー＞グーが五〇〇票だから、パー＞グーとなってしまう。つまりグー＞チョキ＞パー＞グー……というループになって、どの政策が最善かを決めることができないのだ。

実際の投票でも、このように矛盾した意思決定が行なわれることは多い。逆に、首尾一貫した意思決定をしようと思うと、特定の人の決定を他の人より優先する「独裁制」をとるしかない、というのがアロウの証明した定理である。投票以外のメカニズム設計でも同じである。個人の合理的選択を民主的に集計して一義的な結果をつねに出すことのできるメカニズムは存在しない。

とはいえ、ハイエクは自由が人々の幸福を高めるということを否定したわけではない。政府の介入を抑制し、人々が自由に行動することによって、人々の選択肢は広がり、もっとも望ましい行動をとることができる。その結果として、多くの人にとって望ましい効率的な状態が実現するだろう。しかし、望ましい状態が実現するのは付随的な結果としてであって、「社会的効用」を最大化するという目的を実現しようという新古典派の福祉経済学は、前にみたように論理的に成り立たない。

このように自由度を最大化するようなルールが望ましいというハイエクの発想を、ハイエクは「ルールの功利主義」と呼んでいる。つまり、効用を最大化するという目的には意味がないが、人々の自由度を最大化するルールを設計することが、自由な社会を建設するためには重要なのである。いわば現代のファイナンス理論でいう「オプション価値」を最大化するルールによって、柔軟な意思決定が可能になるのだ。

目的のない秩序

計画的に資本を蓄積するという点では社会主義のほうがすぐれており、一九四〇年代まではソ連の成長率は西側よりも高く、科学技術においても人工衛星の打ち上げを先に成功させるなど、一九五〇年代までは「どちらの経済体制がすぐれているか」という論争がまじめに行なわれた。

たしかに目的さえ決まっていれば、民間企業が重複して研究開発する資本主義より、特定の目的に資源を集中する社会主義のほうがすぐれていた。社会主義国の停滞がはっきりしたのは、資本蓄積が飽和し、製品が複雑化した一九六〇年代からである。

鉄や石炭のように単純な製品を大量生産する場合には、経済全体の情報を官僚機構に集中し、彼らが計画的に設備投資を行なうことが効率的になりうる。事実、韓国やシンガポールなど「開発独裁」と呼ばれた国々では、集権的な政治体制によって経済成長が促進された。

しかし製品が多品種・少量生産になって複雑化し、コンピュータなどの発達によって扱う情報量が爆発的に増えると、情報を集計するコストが大きくなり、また変化も激しいため、長期的な計画が立てられなくなる。つまり資本主義は、与えられた目的を最大化することではなく、つねに目的をさがし、変更する自生的秩序であることによって、高い成長率を実現したのである。

この観点から、ハイエクは社会主義のような「ユートピア社会工学」を否定したが、一方でポパーの提唱した、断片的(ピースミール)な改良を積み重ねる「ピースミール社会工学」も否定した。ポパーの社会工学は、むしろケインズのエリート主義に近い。ポパーの「批判的合理主義」は、近代合理主義の最後の変種だが、ハイエクは合理主義の伝統そのものに反逆したのである。

しかし現代の経済学からみると、ハイエクの説明にはいくつかの難点がある。市場が自然発生的に出現するものなら、西欧文明圏以外で大規模な市場が発展しなかったのはなぜなのか。この疑問についてハイエクは、市場は必然的に生まれたシステムではなく、偶然できたものだとする。では偶然の産物がここまで広く世界に普及したのはなぜか。そもそも個人が欲望のままに行動すると予定調和が出現するという論理的な根拠は何か——そういう問題には、彼は答えていない。

ゲーム理論でよく知られているように、「囚人のジレンマ」と呼ばれる状況では、個人が利己的に行動した結果、最悪の結果がナッシュ均衡（すべての人がそれぞれの行動を逸脱しない状態）になる。これは進化ゲーム理論でも同じで、悪人が善人を裏切ることが進化的安定戦略になる。

この問題を進化ゲームで解決したといわれたのが、ロバート・アクセルロッドの実験だ。多くの戦略をコンピュータのプログラムとして実装し、互いに競わせるトーナメントを行なった結果、生き残ったのは「相手が協力したら自分も協力し、相手が裏切ったら自分も裏切る」という「しっぺ返し」と呼ばれるプログラムだった。

この結果は大きな話題になり、「正直が最善の戦略」の例として、今でもよく引用されるが、これは都市伝説である。アクセルロッドの実験は、同じ相手と一対一のゲームを繰り返すという特殊な形で行なわれたもので、多くの戦略をいっせいに競わせる実験では、無条件に相手を裏切りつづける「邪悪な」戦略が強い。裏切った相手と二度と会わない大都市で犯罪が増えるのと同じだ。いいかえれば、メンバーの利害が一致しない社会では、進化によって自生的秩序が形成されるという根拠はないのである。

集団淘汰と部族社会

そこでハイエクが依拠したのが集団淘汰である［1988］。集団どうしが競争する場合、利他的な個体が多いと集団の効率が上がって競争に勝つという話だ。たとえばディズニーの動物映画には、ライオンに襲われた兎の母親が、子どもを置いて自分がライオンに目立つように逃げて子どもを助ける、といった感動的な物語がよくある。母親のこうした行動は、自分を犠牲にして（次の世代を生む）子どもを守ることによって、集団全体が繁栄するように行動する「母性本能」が、遺伝的に植えつけられているからだと考えられた。

しかし生物学では、こうした素朴な集団淘汰理論は否定された。ある集団のなかの生存競争を考えると、善良な個体は邪悪な個体に裏切られて淘汰されるからだ。実際の動物でも、同じ集団のなかで他の母親の子どもを殺すといった行動はしばしばみられる。

こうした行動を説明したのが「血縁淘汰」の理論である。この理論では、個体は自分と遺伝子を共有しないものを攻撃することによって、自分と遺伝子を共有する個体を守り、遺伝子の複製を最大化しようとすると考える。一般には、これはリチャード・ドーキンスの「利己的な遺伝子」理論として知られているが、この理論を最初に提唱したのはウィリアム・ハミルトンである。

ところが一九九〇年代になって、ハミルトンの理論で説明できない現象が報告されるようになった。なかでも有名なのは、細菌の感染についての実験である。細菌が宿主に感染する場合、細菌はその繁殖力が大きい個体ほど多くの子孫を残すが、あまりにも繁殖力が強いと宿主を殺し、集団全体が滅亡してしまう。したがって、ほどほどに繁殖して宿主を生かし、菌をばらまいてもらう「利他的」な戦略が遺伝子を残すうえで最適だが、血縁淘汰の理論に従えば、繁殖力が最大の利己的な個体が勝つはずだ。

この問題は医学にとっても重要なので、世界中で多くの実験が行なわれたが、結果は一致して利他的な遺伝子が生き残るという結論だった。繁殖力の強い細菌の感染した宿主は（菌もろとも）死んでしまい、生き残った細菌の繁殖力は最初は強まるが後には弱まり、菌の広がる範囲が最大になるように繁殖力が最適化されたのである。

個体レベルでは、感染力を弱めて宿主を生かすことは利他的な行動だが、その結果、集団が最大化されて遺伝子の数も最大化される。同様の集団レベルの競争は、社会的昆虫のコロニーなどにも広く見られる。もちろん個体レベルの競争（血縁淘汰）も機能しているので、淘汰は集団と個体の二つのレベルで進むわけだ。「多レベル淘汰」と呼ばれる新しい理論である。

この考え方は、経済的な行動を説明するうえでも重要である。新古典派経済学では、「合理的」とは「利己的」の同義語であるが、利己的に行動する経済人（ホモ・エコノミクス）は、互いの足を引っ張り合って集団が自滅するので、合理的ではない。行動経済学や実験経済学の結果を、こうした「進化心理学」で説明しようという実証研究は、現在の経済学のフロンティアである。

ただし個体レベルと集団レベルの淘汰圧のどちらが強いかは、場合による。集団どうしがつねに戦争状態にあるような場合には、集団内に一人でも裏切り者が出ると集団が滅びるので、利他的な行動への圧力は強い。人類は、歴史の圧倒的大部分を飢餓線上で暮らしてきたので、利己的な行動を「不道徳」と感じるメカニズムが、遺伝的に埋め込まれていると想定される。

また一万年前以降の定住社会では、利己的な行動を憎む感情は、小集団の「掟」として暗黙のルールとなり、個人を強く拘束した。これがハイエクのいう「部族社会」である。ただ定住社会では、比較的平和な時期が続くこともあり、そういう時期には集団のルールを破って他人のものを奪うなどの利己的な行動が発生する。

しかし、こうした利己的行動は、遺伝的なレベルとは別の「村八分」のような制裁で排除され、教育によって個人の感情に植えつけられる。つまり利己的な行動を憎む感情は、遺伝的・社会的な二重のコードによって、人々に埋め込まれていると考えられる。これは実験でも確かめられている。

このように、人類は何万年もの間、部族社会に生きてきたので、利他的な遺伝子が心理に埋め込まれており、むき出しの利己主義はきらわれる。また市場経済によって地域社会が解体されるため、社会は不安定になる。「格差社会」を指弾するパターナリズム（家父長主義）が、いまだに多くの人々に支持されるのも、こうした部族的感情が原因だろう。

第八章

自由な社会のルール

ハイエクの『法と立法と自由』は、第一巻［1973］、第二巻［1976］、第三巻［1979］にわけて出版された。この最後の大著の大半を占めているのは、自由な社会を実現するためにはどういうルールが必要か、という法哲学的な議論である。自生的秩序を「自由放任のままで発生する秩序」と考えると、ルールの設計という考え方は、自生的秩序という概念に反するようにみえる。しかし実際には、何のルールもないところに秩序が発生することはありえないのである。

自然界でも、分子や細胞が自発的に形態形成を行なう「自己組織化」が起こるのは、きわめて特殊な条件のもとで、分子が一様に分布しているときに限られる。経済システムでも、社会主義国で国営企業の民営化が失敗した最大の原因は、七〇年以上も市場経済を知らなかった人々に、「約束は守る」とか「他人のものは盗まない」などの常識が共有されていなかったからだ。

この場合のルールは、明文で書かれた法律とは限らない。むしろ暗黙のルールのほうが多い。あなたが文房具屋でペンを買うとき、何も言わないでペンを店員に渡し、お金を払ってそのペンを受け取るだけで、ペンの所有権を一定の価格で文房具屋からあなたに移転する契約が結ばれ、決済される。このように自然な形で契約が履行されるためには、子どものころからの教育や不正に対する処罰など、無数のルールが必要なのである。

慣習法と実定法

日本の法律家や官庁の主流となっている考え方によれば、法律は国家によってつくられる人工の秩序であり、その条文は裁判によって解釈がわかれることのないように、なるべくくわしく明確に記述しなければならない。これはドイツ・フランスなどの大陸法で主流となっている「実定法主義」(legal positivism) と呼ばれる法思想である。* 「実定法主義」においては、法律の正当性の根拠は国家主権にあり、国家は民主主義などの手続きによって主権者たる国民から負託された権力をもつと考えられる。

日本の法律は、明治時代に西洋から輸入されたので、まさに人工的な秩序である。しかし法律の本質を見誤ってはならない。ハイエクは、この問題をポラニーの「分節化」の概念で

＊普通これは「法実証主義」と訳されるが、慣習法と対立する実定法 (positive law) の派生語であり、科学における実証主義とは無関係である。

説明する。分節言語で表現される情報は、本源的な知識のごく一部にすぎない。たとえば、あなたは自分の顔を言語で表現することはできないだろう。音楽の美しさを言語で表現することもできない。楽譜という分節言語で表現したものは、音楽そのものではない。

分節言語を知覚するのは、大脳の「新皮質」と呼ばれる部分だとされている。新皮質は進化の比較的おそい時期(といっても数百万年ぐらい前)に発達したらしく、人類でとくに発達している。しかし脳細胞の大部分は「辺縁系」と呼ばれる古い脳であり、感覚などをつかさどっていると考えられている(実際の機能分担はそれほど明確ではないようだが)。この部分の構造は、人類もネズミもあまり変わらない。

法律も、最初から意識的につくられた秩序ではなく、長い歴史のなかで積み重ねられた慣習を条文にしたものだ。定住生活のなかで経済が発展すると、小集団を超えた国家ができ、長期的関係が希薄になるので、部族的感情や「村八分」のような掟の有効性は低下する。こういう場合には、広域的な法が必要になる。

こうした法は、ハムラビ法典、コーラン、律令制度など古くから非西欧社会にもあったが、その多くは中央集権的な国家によって広い地域を軍事的に統治する支配のルールであった。一方で、西欧の法は、市民の契約を保全する「私法」として成立した。市民法の起源とされるローマ法も、最初から立法府が制定したものではなく、ローマ市民の契約についてのルールを文書にし、六世紀にユスティニアヌス帝によって「ローマ法大全」としてまとめられたものだ。

また他の文明圏では、法が王権や宗教的教義と一体になり、しばしば恣意的に解釈・運用されるのに対し、近代西欧では法は主権国家の憲法のもとに実定法として体系化され、司法機関が独立し、他の政治的・精神的権威から独立した「法の支配」が成立している。

こうした西欧の法の起源については諸説あるが、有力なのは、一一世紀以降の西方キリスト教会でつくられた教会法に求める説だ。もともと西欧には部族的なゲルマン法があったが、キリスト教が部族を超えた普遍的なルールを広め、特定の地域や領主に依存しない中立的な法の概念を成立させた。

ハンス・ケルゼンに代表される実定法主義は、大陸の市民法を法律の完成された形と考え、すべての価値から中立な「純粋法学」を構築しようとした。ケルゼンによれば、法的な規範を伝統や慣習などの事実から導こうとするのは、科学的な法則が自然に内在し、その法則を人間が発見すると考える形而上学と同じである。人間の主観なしにどのような法則も存在しないように、どのような法もそれを制定する立法者の意志なしには存在しない。

したがって法の正統性の根拠は、伝統や自然権にあるのではなく、法の制定手続きの論理整合性にある。数学の命題の真偽が特定の物理的実在と対応するかどうかで決まらないように、法の正統性もそれを制定する国家の目的には依存しないのである。

しかしこの考え方は、法が市民の合意から生まれ、部族法を統合することによって国家的な法の支配が成立した過程を転倒し、結果の側から法の基礎を正当化するものだ。ハイエクは、このような実定法主義を激しく批判する。

専横的な政府の新しい前進に対して、法を守る者を無防備にしたのは、実定法主義だった。あらゆる国家は法治国家だという法の定義を受け入れるよう説得されてしまった後では、ケルゼンがのちに「法科学の見地からすれば、ナチ政府のもとでの法も法であった。それは残念なことかもしれないが、それが法であったことは否定できない」と主張して同意した見解にもとづいて行動するしかなかったのである。[1976: 55–56]

法が数学の定理のように、具体的内容に無関係な形式だとすれば、こういう結論は避けられない。事実、ケルゼンの実定法主義は社会主義国で公認の法哲学となった。いかに人権を抑圧し、いかに非効率な経済運営が行なわれようと、実定法主義では法体系の整合性は保たれているからである。

日本の法学界でも実定法主義が主流である。日本の法律はドイツやフランスよりも厳密に整合性を重視する。官僚が実質的に立法を行ない、内閣法制局が法の整合性をチェックして、同一の用語を別の法律で定義することを許さず、既存の法律で定められている事項を新たな法律で定めることも許さない。そのため法律が複雑に相互依存しており、制度改革を困難にしている。

法体系と近代化のタイプ

法（law）という英語は意味が広く、自然法則という意味で使われることもあれば慣習的な暗黙のルールをさすこともあり、狭義の成文法は legislation とか statute と呼んで区別する。ハイエクは両者を区別するため、慣習法をノモス、成文法をテシスというギリシャ語で呼んだ。

英米法の伝統では、慣習や判例の積み重ねのうえに成文法があると考える。とくにイギリスでは、すべての法の基礎にある慣習法は、憲法のような重要な役割を果たすが、どこにも書かれていない。裁判で「この法律は慣習法に反する」といった判決が下されることがあるが、具体的にどういう慣習法にふれるのかは示されない。

この場合の慣習法は「常識」という意味に近く、時代とともに変わる。テシスはノモスの上につくられる第二次的な秩序であって、その正当性は歴史的に積み重ねられてきた判例や慣習によって保証される。法体制の進化も、法の不備な点を判例で補い、判例を積み重ねた結果、確立した判例を取り入れて法を改正するという順序で行なわれることが多い。

さらにアメリカは、もともと主権国家の連邦という形でスタートしたため、各州ごとに法律はばらばらで、当初の連邦政府は州際業務を調整する限定された機能しかなく、徴税権さえなかった。しかし州際取引が増えるにつれて、各州法の矛盾が顕在化し、州政府が勝手に通貨を発行したり「徳政令」を出したりするケースが増えて、混乱が生じた。

一七七九年に制定された合衆国憲法は、こうした各州の法律の矛盾を調整するルールとして制定されたものだ。したがってそれは成文憲法としては最古のもので、もともとばらばらの州法を調整する法律だった。そして法と法の矛盾を解釈するのは裁判所しかないため、結果的に司法権の力が強くなったのである。

だから英米の国家システムを、モンテスキューの「三権分立」の概念で説明するのは誤りだ、とハイエクは指摘している。これらの国々では、法律が慣習法のパッチワークとして徐々に形成され、その解釈基準として実定法ができたので、立法と司法が分離し、またアメリカでは行政はもともと各州にわかれていたので、結果的に三権が分立するシステムができたのだ。

他方、ナポレオン法典に代表される大陸の市民法では、法律は第一義的には議会によって制定され、官僚機構によって施行される実定法で、ルールは条文でできるかぎりくわしく決め、政令など細かい施行規則まで行政が決める。慣習や前例は無視され、裁判官が法律を恣意的に解釈する余地のないように、実定法のなかで完結した法体系になっている。

だから原則は三権分立だが、議会の機能は国民の代表者として法を採択する狭義の立法機能に限られており、法の立案や起草は実質的には官僚によって行なわれる。司法の機能も、実定法を解釈することに限られ、法令審査のような機能は想定されていない。

この違いは、イギリスでは一三世紀ごろから慣習法が各地方の法廷で判例として定着し、国王による権力の濫用（とくに課税）の歯止めとなっていたのに対し、フランスやドイツでは領邦の争いが絶えず、統一国家の成立が遅れたことに原因があるといわれている。

フランスでは一八世紀末に、近代国家がフランス革命によって暴力的に建設されたため、従来の慣習法はすべて貴族の「封建的特権」として廃止され、慣習法を上書きする形で中央集権的な実定法が制定された。ドイツでも、近代法ができたのは一八世紀のプロイセン王国が最初だが、領邦の分立は続き、統一国家の形成は遅れた。

最近アンドレイ・シュライファーなどハーバード大学を中心とする調査チームが行なった大規模な実証研究によれば、全世界の四九カ国の法体系と経済成長率を比べると、英米法型の国（とその旧植民地）のほうが大陸法型の国より有意に高い。有意な差が生じた原因は、英米型のほうが規制が少なく、権限が官僚に集中していないため腐敗が少なく、国家体制が分権的であるため相互のチェックがききやすい、といった点に求められる。

ただ、たとえば大陸法型の日本の成長率が戦後きわめて高かったように、法制度の効率は発展段階にも依存するので、英米法と大陸法のどちらがすぐれているのかは一律にはいえない。ハイエク自身も、テシスは劣っているといったのではなく、企業や政府のように一定の目的のもとに組織される小集団の秩序であり、そういう領域では意味をもつとのべている。新古典派経済学も、前にのべたように、戦時経済や企業内の資源配分のように、目的が与えられ一定である場合には成立する。

しかし市場が「福祉を最大化する」という目的をもっているかのように想定し、永遠に生きる代表的個人＝計画当局が、無限の未来までを正確に予測して、経済を最適成長経路に誘導すると想定するのは、社会全体を擬人化する錯覚である。このような荒唐無稽な仮説によって導かれた理論を、途中の因果関係をごまかして統計的に「検証」する手続きは、ハイエクがフリードマンを批判してのべたように欺瞞的なものだ。

「超大陸法型」の日本法

英米法では、裁判所が実質的に法律をつくるといわれるほど、司法の立法への影響力が強い。日常的な紛争処理もすべて弁護士がやるため、法律家が紛争を作り出しているとの批判もある。また明文化されていない慣習法に依存する前例主義が、司法を保守的にしていると批判されたりもする。国家が分権的なので、意思決定の一貫性や安定性に欠け、行政の決めた規制を議会が否定したり、議会のつくった法律を裁判所が違憲と判断したりすることがしばしば起こり、効率が悪い。

しかしシステムが間違いに強いように設計されているので、軌道修正しやすく、柔軟性が高く、大きな変化に強い。たとえばインターネットが普及しはじめたころ、アメリカの電話会社はデータ通信を独占しようとしたが、ＦＣＣ（連邦通信委員会）は、電話会社がデータをコントロールすることを禁じた。そのため、いろいろなプロトコルが乱立した結果、どのコンピュータでも読める無料のTCP／IPが普及した。

大陸法の長所と欠点は、この逆だ。すべての権限が行政に集中し、立法も司法も事後的に審査する役割しかないので、遅れて国内統一や近代化を進める国が、国力を総動員するには向いている。大陸法を輸入した日本が近代化に成功し、英米法をベースにしたインドの近代化が遅れたのは、その一例だ。また行政が企業の利害調整を行ない標準化も進めるので、携帯電話の欧州標準GSMのように、それが当たった場合は成功する。しかしISDN（デジタル通信網）のように、誤った標準を選んでしまった場合は、欧州全体がその失敗から脱却するのに時間がかかる。

日本の法体系は、大陸法よりもさらに極端な「行政集権」になっている。日本の法整備は明治初期に派遣された岩倉使節団などによって大陸の法体系が輸入されたことに始まる。岩倉のころの視察は、不平等条約改正のためにいろいろな国の制度を勉強するものだったが、一〇年後の伊藤博文の憲法調査になると、プロイセンの国制をまねるための調査という色彩が強まり、ここで明治憲法の骨格が固まった。「憲法は花、行政法は根」という青木周蔵ドイツ大使の言葉が、当時構想された「国のかたち」を象徴している。

伊藤に最大の影響を与えたのは、「行政の肝要な部分は法律では決められない」というプロイセンの法学者ローレンツ・フォン・シュタインの「進化的」国家観だったという。「日々転変」する現実に即応するためには、君主の命令でも議会の立法でもなく、官僚の裁量がもっとも適しているという思想だった。

利用できる資源が少ない「追いつき型近代化」の局面では、大陸法型システムがうまく機能する。乏しい資源を総動員しなければならないからだ。しかし、行政集権的な「開発主義」システムは、経済が成熟すると集権的な調整機能のオーバーヘッドが負担になり、さらに大きな負のショックが発生すると、コンセンサスによる調整では対応できないため、制御不能になってしまう。

日本の法律は、官僚の実感によると、独仏法よりもさらにドグマティック（教条的）な大陸法型だという。ルールのほとんどが法律や省令として官僚によってつくられ、逐条解釈の解釈も官僚が決め、処罰も行政処分として執行される。法律は「業法」（建設業法、宅建業法、保険業法……）として、ほとんど同じ内容の膨大な法律が所管省庁ごとに縦割りで作られる。コンピュータのコードでたとえると、銀行の決済システムを「ＩＴゼネコン」が受注し、ほとんど同じ機能のプログラムを銀行ごとに作っているようなものだ。

しかも重複や矛盾をきらい、一つのことを多くの法律で補完的に規定しているため、法律がスパゲティ化しており、一つの法律を変えると膨大な関連法の改正が必要になる。税法改正のときなどは、分厚い法人税法本則や解釈通達集の他に、租税特別措置法の網の目のような改正が必要になるため、税制改正要求では財務省側で一〇以上のパーツを別々に担当する担当官が十数人ずらりと並ぶという。

こういうレガシー・システム(古い環境)を前提にすると、高い記憶力と言語能力をそなえた官僚が法律を作る必要があり、アーキテクチャを変えないで官僚の質が下がると、システム崩壊の危険がある。しかし、法律改正の作業はコンピュータでいえば、オーサリングツールやデバッガで自動化されるような定型的な仕事だ。優秀な官僚のエネルギーの大部分が、老朽化したプログラムの補修に使われている現状は、人的資源の浪費である。

英米法では、立法は各議員に所属する議会スタッフが行なうので、同じような法律が何本も議会に出てくることも多い。相互の調整は議会で行なわれ、過去の法律との矛盾や重複はあまり気にしない。矛盾が明白なときは訴訟が起こされ、裁判所が判断するが、おおむね新しい法律で古い法律を上書きするように解釈されるという。

自由権としての財産権

ハイエクは財産権をノモスを構成する価値の中心にすえた。彼は、財産権が重要である理由をこう説明する。

「よい塀はよい隣人をつくる」ということわざを理解することは、すべての文明が発達する基礎である。すなわち人は、各個人の境界がはっきりしており、それぞれの領域内では自由に行動できる場合に限って、互いに衝突しないで自分の目的を追求できるのである。広義の（ジョン・ロックが定義した意味での）個人の「生命・自由・土地」についての財産権は、個人の自由をいかにして紛争なしに実現するかという問題の答として、人類の見出した唯一のものだ。[1973: 107]

だから「法と自由と財産権は三位一体である」。個人が他人に干渉されることなしに行動する境界を設定するルールとしての財産権が法的に保障されなければ、自由な行動は不可能だからである。最近の人類学の研究によれば、財産権に近いルールは、どんな「未開社会」

にもみられる。日本でも、「わたくし」の領域は古くから「おおやけ」の共有部分と区別されてきた。

ただ多くの社会では共有が原則で、「わたくしごと」は例外で好ましくないというニュアンスがあった。集団を個よりも上に置く「部族社会」の感情によるものであろう。一方で、近代西欧は他の文明圏と大きく異なり、私有財産を肯定し、私的な欲望の充足を積極的に認めるようになった。

その原因がプロテスタンティズムの職業倫理にあったというウェーバーの説は、今日では疑わしいとされている。ハイエクは、古代西欧についての近年の研究を引用して、「ギリシャ・ローマは本質的に私有財産の世界である。それはローマの元老や皇帝の数エイカー〔数千坪〕の土地の世界であろうと製造業者の私的取引の世界であろうと変わらない」[1988：29]とのべている。

ハイエクは「公の領域から盗んだ」という語源をもつ「私有」(private)という言葉を避け、「個人的財産」(several property)という言葉を使い、この意味での財産権はほとんど歴史とともに古いとしている。経済史の通説でも同じことが指摘されている。フェルナン・ブローデル[1979]は、カール・ポラニー(マイケルの兄)が『大転換』で主張した「未開社会には『経済的』な市場はなく、ポトラッチやクラ（いずれも部族の交換形態をさす）は『社会的』な象徴交換だった」という説を、ナンセンスだと断じる。

ある交換の形態を経済的であり、他のある形態を社会的であると名づけるのは、あまりにも安易である。実際はすべての形態が経済的であり、すべてが社会的なのである。何世紀もの間、きわめて多様な社会・経済的交換が存在し、それらはその多様性にもかかわらず、あるいはその多様性のゆえに共存してきたのである。（二八〇ページ）

今でもカール・ポラニーの説は、「市場原理主義」を指弾し、「市場と社会の調和」を唱える人々の論拠になっているが、実証的根拠のないものだ。市場は社会とともにあり、貨幣は歴史とともに古いのである。

マルクスも『経済学批判要綱』として知られる『資本論』の草稿のなかで、ゲルマン的共同体にアジア的な「総有」とは異なる「個人的所有」があることを記している。彼が私的所有に代えて再建しようとしたのは、この「個人的所有」であり、共有でも国有でもないのである。

いずれにせよ、伝統的には抑制すべき悪徳とされてきた利己心を積極的に認めたことが、近代西欧文明が他の文明圏にくらべて飛躍的に大きな富を生み出す重要な原因だったことは間違いない。数量経済史的な研究によれば、人類の歴史の圧倒的大部分を通じて、人々の年間平均所得は数十〜数百ドルだったが、一八〇〇年ごろから西欧圏で急速に所得が伸びた。

その原因としてイギリスの産業革命などがあげられるが、それではなぜ産業革命は、欧州の端の小国イギリスに起こって、他のもっと豊かな大国で起こらなかったのか。これまでの通説とされているのは、オランダやイギリスでは財産権が法的に確立されて市場経済が成立し、技術革新が進んだからだとする説であるが、異論もある。科学者と技術者のコラボレーションによって、自然科学が工業に応用されるようになったことを重視する見解もある。

産業革命がイギリスで起こったのは、一七世紀の「科学革命」によって技術的知識と学問的知識が融合したことが大きな要因となっている。その背景には、キリスト教による自然の「合理化」がある。アジアでは人間を自然の一部と考え、自然の実りをわけてもらう営みとして農業をとらえていた。一方、キリスト教では自然は人間世界の外側の征服すべき対象であった。実験とは自然を「拷問にかけて自白させる」ことだとのべたロバート・ボイルの有名な言葉に代表される攻撃的な自然観が、近代科学を築いた。

したがって財産権が近代社会の唯一のエンジンではなかったのである。財産権は産業革命をもたらした「知識の共有」というもう一つのエンジンと矛盾する要因を含んでいた。たとえば産業革命をもたらしたとされる蒸気機関は、ワットの発明したものではなかった。ワットは他人の発明を改良して特許をとったことで、歴史に残っただけである。結果的には、ワットの特許のおかげで、蒸気機関の改良は遅れたのだ。こうした「知的財産権」については、のちほどふれるが、ハイエクは否定的な考え方をのべている。

「分配の正義」の幻想

ハイエクは前にものべたように、ベンサムの功利主義を計画主義として強く批判している。功利主義は現代の経済学の主流である新古典派理論の基礎だから、功利主義が成り立たないとすれば、経済政策がよりどころとする「パレート効率性」などの効用最大化基準も否定されることになる。

さらにハイエクは「正しい所得分配」もありえないと論じる。この点は、新古典派経済学も同じで、政治的な自由主義のバイブルとされるロバート・ノージックの『アナーキー・国家・ユートピア』が提唱する「最小国家」とも共通する考え方だ。その理由は簡単だ。正しい分配を算出することが不可能だからである。

最近まで日本では「格差社会」論議が流行していたが、現在は下火になったようだ。実証研究では、日本の所得格差が最近になって開いたというデータはない。見かけ上の格差拡大の最大の原因は、高齢化によってもともと所得格差の大きい高齢者が増えたことだ。また世界的にみても、日本の格差はOECD諸国の平均以下で、とくに大きいわけではない。

だから日本の「格差社会論」のほとんどは、実証データにもとづかない情緒的なものだが、かりに格差が大きいとして、格差に反対する人たちは、いったいどうしろというのだろうか。すべての人の所得を完全に同一にしろとでもいうのか。もし能力に応じて分配しろというのだとすれば、その能力はどうやって測るのか。ハイエクは、こうした「社会的正義」の要求を、社会主義の一種として斥ける。

社会主義者がめざすように、各人が受けるに値すると考えるものを、共通の具体的な目的をもつシステムを当局が全員に押し付けることによって保証しようとすることは、何百万もの人々の知識や願望の活用と自由文明の有利性をわれわれから奪ってしまう逆行への第一歩であろう。[1976: 136]

彼は「不安定な職業についている人々に万一の場合の最低生活を保障する」ことは否定しないが、その措置は市場のルールとは別の例外的なものであり、社会正義といった大原則から導かれるものではない。

この考え方は、新古典派経済学の結論とも一致する。人々の効用が同一だと仮定すれば、完全に平等な所得分配によって社会全体の効用が最大化されるが、人々の効用が比較不可能だとすれば、無数にあるパレート効率的な所得分配のどれがすぐれているかは決まらない。だから政治的な「価値判断」で決めるしかない、というのが新古典派の考え方だ。しかし、その価値判断を民主主義的に集計する方法が存在しないのは、前に紹介したとおりである。

とくにハイエクが警戒するのは、社会正義のような顔をして要求される「最低賃金の引き上げ」などの要求の多くが、既得権の拡大でしかないことだ。たしかに最低賃金の引き上げによって、いま雇用されている労働者の所得は上がるだろう。しかし賃金コストが上がれば労働需要は減り、失業率は上がる。統計的にも、雇用規制の強い国ほど失業率が高いという相関関係は明らかである。こうした「弱者救済」政策は、もっとも弱い失業者を犠牲にして組織内労働者の既得権を守るものだ。

部族社会の感情

しかし「平等な分配」や「格差是正」を求める社会主義的な要求は強い。ハイエクは、平等な分配を求める傾向を「部族社会の感情」だとする。最近の研究でも、こうした傾向は、世界のどの社会でも認められる普遍的な感情であるとされている。

人類史上最大の革命は、産業革命でも情報革命でもなく、一万年前に遊動生活から定住生活に移った「定住革命」だった。一万年ぐらいでは遺伝的な変化はほとんどないので、われわれの本能は狩猟時代のノマド（遊動民）的な生活に適応していると考えられる。しかし一万年間の定住生活によって、農業・漁業に適応した文化が形成された。この遊動的本能と定住的文化の葛藤が、人間社会の根底にある。

その一つが、公平の感情である。たとえば一万円を二分割する提案をし、相手がその提案を拒否したら両方とも〇円になる「最後通牒ゲーム」では、合理的な提案は相手に一円を与える（自分が九九九九円とる）ことだが、実験ではそういう行動は自閉症の患者と経済学部の学生にしかみられない。そんな提案をしたら、相手が「むかついて」拒否するに決まっているからだ。

この提案を拒否するのは（新古典派の意味では）合理的ではない。たとえ一円でも、もらったほうが得だからである。しかし、ほとんどの被験者は、そういう提案が拒否されることを予期して、三〇〇〇円から五〇〇〇円ぐらいを提案する（この比率は社会によって異なる）。こういう「非合理的」な行動の原因は、公平性についての感情が共有されているためと考えられる。昨今の「格差社会」への反発も、そういう感情に根ざすものだろう。

公平を好む感情は、かつて数十人のグループで狩猟生活を送っていたころの環境に適応したものだろう。獲物をだれが得るかは不確実であり、つかまえた者が獲物を独占したら、餓死者が出るかもしれない。飢えに迫られた者は、獲物をとった者を襲うかもしれない。こうした紛争が頻発したら、グループそのものが崩壊し、全員が死亡するだろう。グループの崩壊を避けるために、公平な分配を求める感情が遺伝的に進化したと考えられる。

人類が狩猟の武器を持ったときから、グループ内のほかの個体に武器を向けて紛争が起こるリスクが発生した。このリスクを抑制するために利他的な感情が進化し、エゴイストはきらわれ、他人に思いやりのある人が好まれるようになったのだ。前にも紹介した集団淘汰の一種である。

こうした人類学的なスケールでみると、利己的な行動を「合理的行動」と称して肯定し、独占欲に「財産権」という名前をつけて中核に置く資本主義の基礎は、意外に脆《もろ》いかもしれない。ハイエクもシュンペーターも、資本主義が崩壊するとすれば、その原因はこうした倫理的な弱さだと考えていた。情報を共有するインターネットの原則が資本主義にまさるのは、感情的に自然だという点だろう。

第九章

二一世紀のハイエク

晩年のハイエクは、ノーバート・ウィーナーのサイバネティックスやイリヤ・プリゴジンの非平衡系の熱力学、あるいはフランシスコ・ヴァレラのオートポイエシスなどの「複雑系」や「自己組織化」の科学に興味をもっていた。

ウィーナーは「情報科学の父」と呼ばれるが、情報科学の主流になったのは、ウィーナーが考えたような自己組織系ではなく、外部からプログラムとして与えられた命令をメカニカルに処理するフォン＝ノイマン型コンピュータだった。世界を機械と考え、それを人間が神のように外からコントロールする古典力学的システムである。

ウィーナーの『サイバネティックス』が出版されたころ、ハイエクは『感覚秩序』でニューラルネットの原理を予言していた。彼が構想した自生的秩序（自己組織系）の科学としての経済学は、新古典派のような数学的体系をもたないが、資本主義の本質をはるかに的確にとらえていた。

二〇世紀の科学を支配したのが、ニュートンやフォン＝ノイマンのような機械論的モデルだったとすれば、二一世紀の科学を支配するのは、ウィーナーやハイエクを元祖とする進化論的モデルだろう――そういわれて久しいが、こうした非ニュートン的な科学はあまりにも複雑であるため、エレガントな理論にならない。

しかしインターネットは、世界中の数億のコンピュータが分散的に情報を処理するサイバネティックなシステムである。各ホストが自律的に進化することによって、ネットワークが自己組織化される。ニューラルネットなどの非ノイマン型コンピュータの元祖もウィーナーだ。資本主義も、ワルラス的な均衡を実現するシステムではなく、絶えず自己破壊を繰り返して進化する複雑系である。こうした新しい現実を理論化するためには、もう一度、ウィーナーやハイエクのようなスケールの大きな天才が出てくる必要があるのかもしれない。

自生的秩序としてのインターネット

一九九〇年代前半、光ファイバーなどの通信技術の発達によって「マルチメディア」が実現するという機運が高まった。アメリカ政府は「情報スーパーハイウェイ」の計画を提唱し、各国の政府も電話会社も競って大規模プロジェクトを立ち上げた。

同じころ、イリノイ大学のスーパーコンピュータ・センター（ＮＣＳＡ）で「ＮＣＳＡモザイク」という無料のソフトウェアが開発され、一九九三年にインターネットで公開された。これは当時始まったワールドワイド・ウェブ（ＷＷＷ）のホームページを見る「ブラウザ」

と呼ばれるソフトウェアだった。

世界を変えたのは、巨費を投じて行なわれたマルチメディアではなく、大学生マーク・アンドリーセンが時給六ドルのアルバイトで書いたモザイクだった。なぜインターネットは成功し、マルチメディアは失敗したのか——インターネットはつくった技術者にもよくわからない「偶然のスーパーハイウェイ」だったのだ。

一九九二年に死去したハイエクは、おそらくインターネットを見なかっただろう。しかし彼が書いた一九四五年の論文は、インターネットの「自律分散」の設計思想を、もっとも早い時期に提唱したものだ。

社会主義のような集権的な経済システムでは、必要な知識は官僚に集中するので、変化の激しい社会では、社会の全体像を知ることができない。社会全体に分散した膨大な情報を分散したまま利用するためには、ハイエクがいったように、情報をもつ個人が分権的に意思決定を行なうしかない。その場合、情報処理はすべてユーザーが行なうので、ネットワークはユーザーが情報を収集して意思決定を行ない、それを他人に伝えるだけの「パイプ」でよく、電話会社のような集権的コントロールは必要ない。

またインターネットのルールは、法律のように議会で決められるものではなく、違反した場合に処罰する司法権力があるわけでもない。あるのは世界中に分散する技術者が電子メールを交換するなかで生まれる「自生的秩序」だ。

インターネットをつくったデヴィッド・クラークの「われわれは王も大統領も投票も拒否する。信じるのはラフな合意と動くコードだ」という有名な言葉は、インターネットの思想をよく表わしている。インターネットは不完全な知識しかないユーザーのもとでもそれなりに機能するし、問題があれば後から直すという「進化的」な発想でできている。

インターネットのルールはＲＦＣ（request for comment）と呼ばれる。最終的な決定が「コメントしてください」という名前で出されるのだ。ＲＦＣには、ルールはつねに未完成で、多くの人々に修正されて発展するという、ハイエクが『法と立法と自由』で主張した慣習法に似た発想がある。

ハイエクは、実定法的なテシスよりも、慣習法のようなノモスとして法秩序を構成し、問題があれば徐々に改めればよいとした。インターネットの「いい加減」なルールもノモスの一種である。テシスの代表である電話会社は、こうしたインターネットのルールに強く抵抗したが、インターネットの急速な成長に圧倒され、次世代ネットワーク（ＮＧＮ）ではインターネット・プロトコルによってネットワークを構成する。

インターネットの「無政府性」が、さまざまな問題を引き起こしていることも事実である。膨大な違法情報・有害情報が国境を越えて飛び交い、ウイルスや迷惑メールがネットワークの安全性を脅かしている。また情報の価格は限りなくゼロに近づき、既存の電話会社、新聞社、放送局などにビジネスの見直しを迫っている。「知的財産権」を強化し、既得権を守ろうとする勢力も強い。

インターネットは著作権を侵害する「巨大なコピーマシン」だが、インターネットがない世界に戻ることは、もはや不可能だ。遅かれ早かれ、すべてのメディアはインターネットに飲み込まれるだろう。世界最大の検索エンジン、グーグルのCEO（最高経営責任者）エリック・シュミットがいうように、ビジネスの世界では「インターネットが負けるほうに賭けるな」というのが鉄則だ。したがって法制度がインターネットに合わせなければならないのであって、その逆ではない。

知的財産権という欺瞞

前にのべたようにハイエクは、自由な社会の法秩序のコアにある権利として、財産権を重視した。しかし、彼は特許や著作権についてこう書いている。

こうした分野に有体物と同じ財産権の概念をまねて適用することが、独占がはびこるのを大いに助長しており、この分野で競争が機能するには抜本的な改革が必要であることは疑問の余地がないように思われる。［1948］

財産権は国家権力が恣意的に財産を奪うことを防ぎ、個人の行動の自由を守るための自由権の一種だが、著作権は他人が自分の著作を利用して新しい表現を行なう自由を侵害する権利である。だから表現の自由を保障した近代国家の憲法に反するばかりでなく、知識の利用や発展を妨げることによって、結果的には社会全体の利益も損なうおそれが強い。

知識をもっている人の物的な財産を守ることで意思決定の自由を確保する財産権とは逆に、特許や著作権は国家が知識の利用を集権的にコントロールすることによって、知識の自由な利用をさまたげている。これらを一括して知的財産権と呼ぶことが多いが、これらの権利は本来の財産権とは異なる。

財産権は一三世紀ごろから慣習法として西欧文化圏で成立し、近代国家では不可侵の市民的権利として、憲法で強く保護されているが、特許権の起源は一五世紀、著作権の起源は一八世紀に一部の国で王によって認められた特権（privilege）である。

知的財産権という言葉を使った最初の文献とされているのは、スプーナーという人物が一八五五年に出版した『知的財産権の法』という本で、彼は「知識は財産である」と主張し、知的財産権を通常の財産権と同様、永遠に保護すべきだと主張している。彼は知的財産権を売買するビジネスを起こして失敗もしている。知的財産権という言葉は、自分の思いつきを独占する権利を財産権として守るためだった。

ただ最近まで、この言葉は一般的なものではなく、最初に知的財産権という言葉が法的な文書に登場するのは、一九六七年の世界知的所有権機関（ＷＩＰＯ）の設立に関する条約においてである。ここでは著作権、特許権のほかに商標、デザイン、サービスマークなど、広範な分野が知的所有権（財産権）という概念によって包括され、以後、知的財産権は国際的に強化される一方だ。

しかし法的な性格においても、著作権は財産権とは異なる。財産権は一つの権利ではなく、複数の「権利の束」である。民法では、その内容を「使用、収益及び処分」の三種類に分類しているが、経済学では使用と処分の権利を「コントロール権」と総称し、収益の請求権（キャッシュフロー権）との二分類にすることが多い。

このように二つの権利を「バンドル」することは、工業製品のような有体物では自然だが、情報（とくにデジタル情報）は、一人が使っても他人の利用をさまたげない「非競合性」があるので、他人の情報を使うことはその自由を侵害しない。また情報には自然な排他性がないので、それを囲い込んで第三者の利用を排除するには、契約などによって禁止しなければならない。

しかし、このように複数の利用を排除することは、社会的には非効率である。デジタル情報の複製コストはゼロに近いから、価格もゼロにして広く利用することが望ましい。ハイエクは財産権について、有体物と無体物の違いを次のようにのべる。

有体物の財産権は、稀少な手段をその所有者のもっとも重要な用途に使うように導く。他方、文芸作品や技術的発明のような無体物の場合には、それを生産する能力は限られているが、いったん生産されたあとは無限に増やすことができる。それを法的に制限するのは、そういうアイディアを創造する刺激のためだといわれている。しかしこのように法的に稀少性を作り出すことが人々の創造性を高めるもっとも有効な手段かどうかは明らかではない。そのような独占的な著作権なしには生まれなかった偉大な文芸作品があるかどう

かは疑わしい。[1988 : 36]

ハイエクは、辞書や教科書のような定型的な著作物には一定の著作権が必要だろうともいっているが、これらの著作物もいったん出版されたあとは複製自由にすべきだというから、著作権というより普通の財産権として保護すべきだということだ。こういう意見は、現代の経済学者にも少なくない。少なくとも死後五〇年というような長期にわたって複製を禁止することによる社会的な便益が、そのコストより高いとは考えられない。

企業家精神と自由

ハイエクが法秩序の原則として掲げたのは、「任意のメンバーがそれぞれの目的を達成するチャンスをできるかぎり高めること」である。その結果として所得が最大化されることは望ましいが、あくまでも副産物にすぎない。これは効用を最大化する自由度（オプション価値）を最大化する「ルールの功利主義」だ。

ハイエクは社会で特定の目的を実現しようとする「ユートピア社会工学」を否定したが、制度（ルール）の設計を否定したわけではない。重要なのは、人為的に決めた目的に人々を従わせるテシスではなく、伝統のなかから自然に進化するノモスである。ノモスは慣習法のように多くの紛争処理の積み重ねのなかから自然に生まれてくる常識のようなものだが、ハイエクは伝統を絶対化するのではなく、自由を基準にして制度を評価し、自由を阻害する法は廃止すべきだとする。

資本主義が成功したのは、資源を効率的に配分したからではない。前にものべたように、社会主義の停滞がはっきりしたのは、重化学工業による計画的な経済建設が終わり、情報通信技術が主役になって研究開発やイノベーションが重要になってからである。イノベーションは、事前に計画できないものだから、集権的な計画で生み出すことは不可能だった。

イノベーションは経営学ではもっとも重要なテーマだが、経済学の教科書にはほとんど出てこない。新古典派経済学が扱うのは、経済が均衡状態になってエントロピーが最大になった結果であるが、イノベーションはその途中の一時的な不均衡にすぎないからだ。

しかしミーゼスは、市場で重要なのは資源配分の効率性といった結果ではなく、人々が不確実な世界で答をさがす過程だとした。ミーゼスの考えを継承したイズラエル・カーズナー[1973]は、競争の本質は分散した情報のなかで利潤を追求する企業家精神にあると論じた。カーズナーによれば、企業家精神のコアにあるのは技術革新ではなく、どこに利潤機会があるかを察知する感度（alertness）である。

技術や資金がなくても、人より高い感度をもっていれば、ベンチャーキャピタルを説得して資金を調達し、エンジニアに発注して技術を開発できる。だから物的資産の所有権を企業のコアと考える現代の企業理論では、サービス産業は分析できない。もちろん正しいアンテナをもっている起業家はごく少数だから、ほとんどのベンチャーは失敗するだろう。そうした淘汰の結果としてしか、答は求められないのだ。

新しい製品やサービスを開発したとき、その製品がいくらすぐれたものであっても、だれも知らなければ使われず、したがって普及しない。つまり革新的な製品であればあるほど、消費者にシグナルを送る営業費用が重要になる。

ところが新古典派理論では、広告の存在も説明できない。消費者はすべての財についての情報を知っていることが想定されるから、広告は社会的な浪費になるのである。「いいものをつくれば売れる」というのは、こうした市場の情報伝達メカニズムとしての機能を知らない製造業の発想である。

市場の情報機能が資源配分機能よりも重要になってくると、企業にとっても消費者にとっても、感度が生産性を決める鍵になる。だから検索エンジンのようなサービスが経済の中核になる。こうした感度の競争が機能しているかぎり、独占の存在は問題にならない。独占があるところには超過利潤があり、新規参入のシグナルとなるからだ。問題は、新規参入を阻止する人為的なボトルネックである。

イノベーションに法則はない

二〇〇八年の春、『フォーチュン』誌は「アメリカでもっとも賞賛すべき企業」にアップルを選んだが、その記念インタビューを、スティーブ・ジョブズCEOは拒否した。理由はわからない。彼が個人的にはとてもいやな奴だというのは、シリコンバレーではだれもが知っている。自分の創業した会社を追い出され、新しくつくった会社NeXTも失敗した。わがままで他人のいうことを聞かず、反対する部下はクビにする、普通なら最悪の経営者だ。

そんな男が、世界一の経営者になったのはなぜだろうか？　ほとんどまぐれ当たりである。彼の事業は失敗のほうが多かったが、iPodで一発当てたので、過去の失敗を取り返して余りある成功を収めることができた。ベンチャー企業というのは、ギャンブルのようなものだ。

ジョブズのビジネスは、ほとんどシリコンバレーの常識に反している。たとえば「オープン・プラットフォーム」が成功の必要条件だとする常識に反して、ジョブズはアップルに復帰してからOS（基本ソフトウェア）の外販をやめ、クローズド・モデルに戻した。大ヒットになったiPodも、中に入っている曲を他のポータブル・プレイヤーで聞くことはできない。

イノベーションには画期的な技術が必要だという常識も、iPodには通じない。iPodの要素技術は寄せ集めで、中核となるハードディスクは東芝製だった。製品も、台湾メーカーに委託生産させた。デザインは現場の創造性にまかせる、という常識も通じない。ジョブズは、iPodの裏側の鏡面仕上げまで口を出し、すみずみまで自分で決めた。

IT産業で人々が購入するのは必需品ではないので、彼らが何を求めているのかは予測できない。創造的なビジネスにおいては、マーケティング・リサーチで市場をいくら分析しても答は出ないのだ。きのうまで見た白鳥が白かったとしても、「すべての白鳥が白い」という法則は帰納できない。新しいデザインは前例のない「ブラック・スワン」だから価値があるのだ。つくる側が仮説を立てて実験し、失敗したらやめるしかない。

だから歩留まりは必ずしも高くない。一本のヒット作で一〇本の失敗作の元をとるといわれる映画に近い。何が当たるかはだれにもわからないのである。もし「名曲の法則」があったとすれば、音楽家はみんなモーツァルトになれるだろう。ＩＴ産業は、エンターテインメント産業に近づいているのだ。

だからイノベーションを高めるうえで、政府が積極的にできることは何もない。大手企業を「情報大航海プロジェクト」に集めてグーグルに対抗しようとしたり、政府が「ＩＣＴ国際競争力会議」に財界の首脳を集めて旗を振ったりする産業政策は時代錯誤だ。情報通信産業は、製造業のように目的があらかじめ決まってはいないので、正しい目的を試行錯誤によって探り当てることがもっとも重要だからである。

しかし、政府が消極的にやるべきことは山ほどある。最大の役割は、ボトルネックをなくして参入を自由にすることだ。とくに世界でもっともきびしい日本の著作権保護は、イノベーションを阻害している。前にも書いたように、日本の著作権法では検索エンジンも違法と解釈されるので、日本でグーグルやヤフーにアクセスするときは、アメリカのサーバにアクセスしなければならず、国際通信料金がＩＳＰ（インターネット・サービスプロバイダ）の負担になっている。

もう一つのボトルネックは電波だ。たとえば日本のデジタル放送には二四〇メガヘルツも割り当てられているが、東京でもＮＨＫと民放合わせて一〇チャンネルしかない。一チャンネルあたり必要な周波数は六メガヘルツなので、六〇メガヘルツあればよいのだが、中継局用と称してその四倍も周波数を占有しているのだ。

だからグーグルがＦＣＣ（米連邦通信委員会）に公開書簡を出して要求したように、この空いている周波数（ホワイトスペース）を各地域ごとに識別して通信する技術を使えば、任意の地域で一八〇メガヘルツが使える。一八〇メガヘルツというと、いま携帯電話会社によって使われている全周波数に匹敵する大きな帯域だ。今年三月、アメリカでは一〇〇メガヘルツに約二兆円の価格がついた。日本でもホワイトスペースを開放すれば、新しい産業が生まれるだろう。

政府のもう一つの重要な役割は、いまだに銀行の比重が圧倒的に大きいファイナンスを多様化し、新しい企業がリスクをとりやすくすることだ。担保をとって慎重に審査し、絶対に大丈夫でないと融資しない銀行型のファイナンスでは、イノベーションは生まれない。

シリコンバレーのベンチャーキャピタルは、怪しげなベンチャー企業にも「だめでもともと」というつもりで広く薄く投資してポートフォリオを組み、最初のステージでうまくいったら第二ステージに進み、だめなら投資を打ち切る、というように「進化的」なしくみで企業を育てている。そのためには、株式ベースの資金が必要だ。

　また日本企業に対する買収などの対内直接投資は、ＧＤＰの三％以下とＯＥＣＤ諸国で最低である。日本企業の資本効率が上場企業の平均で数％と低いのも、持ち合いなどによって外資の参入を阻止しているからだ。既存企業の資本効率を上げるためにも、「資本開国」して株式型のファイナンスを増やす必要がある。

　もう一つは、労働市場の規制を撤廃することだ。政府は「格差解消」と称して、派遣労働者を一定期間、雇用したら正社員に登用するように義務づけるなど、規制を強化しているが、こうした制度は結果として、労働需要を減退させ、失業率を高める。必要なのは、むしろ正社員の雇用条件や解雇条件を非正規労働者と同じにし、人的資源の流動化を進めることだ。これは労働者のためであると同時に、非生産的な部門に滞留している労働力を生産的な部門に移転するためでもある。

ハイエク問題

『自由の条件』のころのハイエクは、自由な社会の普遍性を信じ、人々が漸進的な改良を重ねることによって、望ましい社会が実現すると考えていたが、晩年の彼は市場が自生的には存続できないという側面を強調するようになり、議会改革などを論じるようになる。

彼は一方では、合理主義的な革命を批判しながら、他方では社会主義や全体主義を否定し、自由を守れと説く。しかし社会主義も歴史の積み重ねのなかで生まれた一つの伝統だとすれば、社会主義を転覆するのも一種の計画主義であり、彼の秩序観には一種の矛盾がある。

逆に資本主義も、自生的な進化の結果生まれたものではない（そうであれば地球上のすべての文明圏が資本主義になっていただろう）。資本主義は財産権や絶対主義のような西欧に固有の法・政治的な制度によって生み出された特殊な経済システムである。フランスで資本主義を生み出したのは、バークの非難してやまなかった暴力革命だ。それ以外の多くの国では、資本主義は西欧から移植された人工的秩序である。

この矛盾がよく指摘される「ハイエク問題」であるが、矛盾というより発展と考えたほうがよい。自由は、初期のハイエクが考えていたように人々に好まれる自明の価値ではなく、むしろ維持する制度的なインフラがなければ壊れてしまうような、不自然で脆弱なメカニズムなのである。

すべての急進的改革を否定するのがバーク以来の保守主義の本流であり、ハイエクも『自由の条件』のころまでは、社会主義を否定するために改革すべてを否定する傾向が強かった。ところが晩年のハイエクは、福祉国家への批判を強め、大きな政府を抜本的に改革する必要を説くようになる。こうしてサッチャー＝レーガン改革が生まれたわけだが、保守主義的改革というのは形容矛盾である。

理論的に整理すると、問題は複数均衡のもとでの均衡選択をどう考えるかということである。バーク的な保守主義によれば、現状は過去の進化の結果なので、伝統を守るべきだということになる。これは最適解が一つであれば正しい。しかし問題は、この解が全体最適になっているかどうかだ。

たとえば高い山と低い山が並んでいるとき、低い山の斜面にいる人が「漸進的改革」によって高いほうへ登っていって、山頂に到達したとしよう。これが彼にとってはもっとも高い場所であるが、高い山にいる人から見れば、彼がいる場所は局所最適に過ぎない。高い山に到達するためには、いったん山を降りるという「革命的」な決断が必要になる。

進化の歴史でも、たとえばオーストラリアで進化した有袋類は、局地的には環境に適応していたが、海外から新しい種が入ってくると、競争に敗れてしまった。自然淘汰は、特定の環境のもとでの「適者」を決めるだけで、絶対的な基準での「最適」を決めることはできないのである。

こういう問題を解くときは、保守主義の漸進的改良（解析的な最適化）は役に立たない。

日本的な「すりあわせ」による改良をいくら積み重ねても、画期的なイノベーションを生み出すことはできないのだ。しかし特定の目標を全体最適とみなして改革を行なうことも、リスクをともなうという二律背反が生じる。経済のように複雑なシステムで、全体最適が明確に定義されるはずもないし、そういう解が存在するかどうかも疑わしいからだ。

この二律背反を解決するためには、均衡選択の問題そのものを試行錯誤によって解く「メタ進化論的」なアルゴリズムを考えるしかないだろう。一つの候補は、遺伝的アルゴリズムのような突然変異を利用したメカニズムだ。労働・資本市場の改革で参入・退出を容易にし、局所解を脱却する創造的破壊によって全体最適解をさがすのである。

だからハイエクの進化論的な経済思想は、現代においても意味がある。というより、これからますます大きな意味をもつだろう。情報ネットワークが社会のインフラになる知識社会のあり方を考えるうえでも、情報コストをゼロと仮定する新古典派経済学は何の役にも立たないが、ハイエクは多くの示唆を与えてくれる。

おわりに

選択の自由は幻想か

あらゆる既成概念を疑ったハイエクも、自由の価値については最後まで疑わなかったようにみえる。彼は最大限の選択の自由を許す社会が望ましいという「ルールの功利主義」を基準にして、政府によるパターナリズムを一貫して否定したが、その重点の置き方は微妙に変わっている。

『隷従への道』のころは、世界は（広い意味での）社会主義に向かっているという危機感から、自由社会がいかに社会主義よりすぐれているかを強調する「自由の伝道者」とでもいうべき論調が目立ったが、『自由の条件』のころになると、すべての社会は自由に進化するにまかせれば、おのずと資本主義になるので、暴力革命などの「社会工学」を否定し、バーク的な保守主義が望ましいとした。

しかし『法と立法と自由』では、自由な社会は自動的にできるものではなく、むしろ近代西欧の特殊な条件のもとで初めて実現したものだという認識が強まる。とくに大陸では暴力革命やファシズムが起こったのに対して、英米では自由主義が優勢になった背景として法制度の違いを強調し、ルールの設計を重視するようになる。

最晩年になると悲観的なトーンが強くなり、人類には「部族社会の感情」が遺伝的・社会的に埋め込まれているので、それを克服する啓蒙的な努力をしないと、政府がパターナリズムを強める傾向は阻止できないという。ハイエクは宗教を否定してきたが、「たぶん神とは、彼らのコミュニティが生き延びるための倫理や価値を人格化したものにすぎないのだろう」[1988：140] として宗教の価値を認めるに至った。

しかし「神の命ずるままに行動する」というキリスト教の思想は、他の宗派への不寛容を生み、宗教戦争の原因となった。とくにカルヴァンの「予定説」では、すべての人の運命は神によって決められており、自由意志の余地はない。こうした歴史的決定論は、ロックやヒュームなどの無神論者が批判した点だった。

グレイも批判するように、宗教やナショナリズムを認めなかったハイエクは、ある意味では（彼の批判した）合理主義者だった。自由をきらう人々に自由社会の福音を説き、法制度を設計する晩年のハイエクの考え方は、彼の批判したユートピア社会工学に似ているといえなくもない。

自由は、それほど絶対的な価値なのだろうか。皮肉なことに現代の経済学は、ハイエクより徹底して合理主義を批判し始めている。実験経済学が示すのは、人々は自由な選択を好まず、できるかぎり今までのままでいようとするということだ。たとえばあなたが職場に行くときには、何時に起きて朝食に何を食べ、どんな服を着て何時に家を出るか……など多くの問題があり、それぞれについて多くの選択肢がある。そのすべての選択肢について「効用最大化」する計算をしていると、組み合わせの爆発が起きて、会社に遅刻してしまう。

だからあなたがとる行動は、いつも同じ時間に起きて同じような朝食をとり、同じような服で同じ時間に家を出るという習慣的な行動だ。実験経済学でも、人々の行動のほとんどは積極的な選択の結果ではなく、習慣によるものであることが確かめられている。人々が意識的に選択するのは、今までの習慣ではうまく行かない新しい事態が生じたときだけだ。

人々がつねに自分の利益を最大化するように選択しているという「経済人」（ホモ・エコノミクス）モデルをとる点では、ハイエクの人間像は新古典派経済学と同じだが、現実の人間は怠惰で保守的だ。「選択の自由」を最大化したら、多くの人々が選択に困るだろう。人類の歴史の圧倒的大部分は、飢えとの闘いの連続であり、選択の自由などというものはなかった。現在の世界でも、飢餓線上で生きている一〇億人近い人々を含めて、大部分の人々にとって自由は存在していないし、彼らは自由を望んでもいない。

このことはハイエクの議論に、西欧以外の文明圏がほとんど出てこないことにも関連している。自生的秩序としてイギリスのような慣習法が成立したのは、きわめて例外的な現象である。圧倒的多数の文明圏では、自生的秩序は村落共同体の「掟」として成立し、人々は共同体の資源を共有し、互いに固定された長期的関係によって掟を守り、それを破ったものは「村八分」になって共同体から追放される。

こうした（レヴィ＝ストロースのいう）「冷たい社会」には、基本的に変化も進歩もない。人々に選択の自由はなく、何百年も前から伝えられた伝統を守ることが唯一の規範である。とくにアジアの近代化を考える場合に、こうした小集団のモラルがどのようにして経済システムに組み込まれるかが重要である。

アジア的共同体の上に近代社会を築いた例外的なケースが日本だろう。中国や朝鮮の場合には、かつて村落共同体を超える国家の原理として機能した儒教の硬直性が、市場や科学技術を拒否したため、経済が衰退した。日本では儒教の影響が弱く、その実定法的な硬直性がなかったことが、柔軟な制度の組み替えを可能にしたとみることができる。

だからハイエクの古典的自由主義は、全世界に移植可能な万能薬ではない。発展途上国が近代化する際に、開発援助とともに欧米的な経済システムを移植しようとする世界銀行などの計画主義アプローチは、必ずしもうまく行かない。慣習法の形も、文明圏によってさまざまなのである。

自由な主体の危険

主体という概念も、西欧近代に固有のものだ。ミシェル・フーコー〔1982〕は、本源的に自由な主体を国家権力が抑圧し、そこから人々を解放する、という伝統的な左翼の図式は虚構だとのべている。英語の主体（subject）がもともと主君に「仕える」という意味であるように、権力なしには主体もないからだ。「人が鎖につながれている場合には、奴隷制は権力関係ではない。自由は権力の行使の条件として表われるのだ。それゆえ権力と、服従を拒否する自由との関係は切り離しえないものである」。

このように自由な主体と権力は表裏一体だから、状況が変われば主人と奴隷の関係は逆転する。その危険を忘れて「絶対自由」を求める運動は、しばしばその対立物に転化する。ルソーの自由主義はフランス革命の流血を生み、資本主義の「必然の国」を廃絶して「自由の国」を建設しようとしたマルクスの思想は、二〇世紀の数々の悲劇の原因となった。その原因は、こうした世俗的自由主義は、ロックやヒュームなどの宗教的寛容を求める懐疑主義とは異なり、すべての価値を否定するニヒリズムに陥りがちだからだ、とハイエクの盟友マイケル・ポラニー［1980］は指摘している。

　今やわれわれは、この革命を導き、それが支配した所ではどこでも自由を破壊した哲学が、元々は自由の反権威主義的で懐疑主義的な定式化によって正当化されていたのを知っている。［中略］この哲学は、真理と正義に対する責務から人間を解き放ち、理性を戯画にまで落としてしまった――つまり理性は、欲望によってあらかじめ決定され、暴力によって結局は確保されるか、あるいはすでに保証されている結論の合理化にすぎないものとされたのだ。（一三〇ページ）

これまでにもみたように、ハイエクの自由主義は西欧文明圏のなかでは意外にオーソドックスなものであり、ロックやヒュームの延長上にある。こうした古典的自由主義は、カントやヘーゲルによって観念論として完成され、マルクスのユートピア主義になる一方、ニーチェの指摘したニヒリズムとなり、それを克服すると称してナチズムが登場した。

ハイエクは、このように怪物化した自由主義を一八世紀の素朴な形に戻したということができるが、それがまた意図せざる結果をもたらさないという保証はない。社会主義国への市場経済の急速な移植は破滅的な経済危機を引き起こし、グローバルな資本自由化はアメリカの局地的な不動産証券の危機を全世界に拡大し、それが安定した均衡に落ち着く保証はない。

グレイ［1998］は「ハイエクはマルクスと同様に、資本主義を歴史的進歩の最終的なエンジンと考えた」が、これは彼のいうバーク的な保守主義とは相容れないものだったと指摘している。


ハイエクの社会哲学の中心は、超近代的な経済が資本主義の初期の局面の文化的伝統や社会制度と安定した均衡をたもって共存できるという信念であり、これは新右翼の思想のコアでもあった。しかし一九九〇年代なかばまでに、この信念は「イギリス社会の」実験によって明らかに反証された。（一五七ページ）

英米型の株主資本主義が他の経済システムに比べてすぐれているかどうかは明らかではなく、とくに中東や中国との「文明の衝突」が激化すると、世界経済を不安定化する要因ともなりうる。しかし今のところ、グローバルな経済システムとして英米型資本主義にまさるものは見出されていない。ＩＭＦ（国際通貨基金）や世界銀行などの国際機関の考え方は、むしろケインズ主義を払拭し、ハイエク的な自由主義に近づいている。

マルクス＝エンゲルスが『共産党宣言』でいったように、「ブルジョア社会は、自分が呼び出した地下の魔物をもう使いこなせなくなった」のだとすれば、それをふたたび地下に戻すことはむずかしい。このグローバル資本主義という魔物とうまくやっていくためにも、その基本思想であるハイエクを理解することは役に立つだろう。

サイバースペースからの挑戦

他方、ハイエクの自律分散の思想をネットワークで実現したインターネットは、彼の予言どおり、ＷＷＷが登場してからほとんど数年の間に世界中の電話会社の人工的秩序を破壊し、グローバルな自生的秩序となった。しかし一〇億人以上のユーザーを一つに結ぶインターネットには、市場を支えた財産権も価格もないため、それがどこまで持続可能なのかは定かではない。

ハイエクが指摘したように、物的な財産権は人々の自由を確保する「塀」として機能するが、レコード会社などが知的財産権と称するものは、他人の表現の自由を侵害する権利であり、インターネットの自由の脅威となっている。

興味深いのは、近代的な財産権の概念が定着していない中国で、音楽ファイルを自由にコピーさせる検索エンジン「百度」がグーグル、ヤフーに続く世界第三位の検索エンジンに成長した事実だ。三〇代のCEOロビン・リーは、「われわれは創作者と広告収入をわかちあうことによって、他人の自由を侵害しないで収入を得るビジネスモデルを構築したい」と語っている。

かつてマルクスが『ゴータ綱領批判』で、共産主義の理想を「各人はその能力に応じて、各人へはその必要に応じて！」と語ったことはよく知られているが、これはマルクスのオリジナルではなく、もとはサンディカリズム（協同組合主義）のスローガンだった。このスローガンは非現実的にみえるが、サイバースペースでは、人々はオープンソース・ソフトウェアを無償で協同組合的に開発し、ブログは「労働が遊びになる」という若きマルクスのユートピアの実現ともいえよう。またデジタル情報に稀少性はないから、ムーアの法則によって情報が過剰になれば、財産権には意味がなくなる。

近代社会で自由というとき、もっとも重要なのは言論の自由だが、この自由は本来、「印刷機（press）の自由」である。中世において教会が写本によって独占してきた知識が活版印刷によって広く普及することが、彼らの権威を危うくするものと思われた。これを弾圧するには、そのボトルネックとなっている印刷機を押収することが、もっとも効果的な手段だったのだ。

ここで教会＝マスメディア、印刷術＝インターネットと置き換えれば、今われわれの直面している状況がわかるだろう。かつては稀少な印刷機を押さえれば自由を奪うことができたが、今日ではだれもがパソコンという「印刷機」をもっている。「トランジスタを浪費せよ」というのが情報社会のマントラ（真言）だから、過剰な資源をいくら規制しても言論をコントロールすることはできない。

情報の過剰な時代のボトルネックになるのは、ハーバート・サイモンが指摘したように、人々の時間（あるいは関心）である。検索エンジンはノイズが多すぎるので、きょう何が起こったかをざっと見るには、紙の新聞のほうが役に立つ。ブログも、日本で新たにつくられるブログの四割は無意味な文字を並べて大量にリンクを張る「スパムブログ」で、情報としての価値はない。

要するに今、われわれは自由の過剰な世界で、何を選んでいいのかわからないのである。だから重要なのは「選択の自由」よりも、無意味な情報や有害な情報を排除して選択の幅を狭めることだ。グーグルのテキスト検索は、そうした情報選択の原始的な段階であり、今後は意味を理解して情報を選択したり、有害な情報が引き起こす紛争を処理したりする仕事への需要が増えるだろう。

ムーアの法則によって情報の量が増え、価格が下がるということは、逆に人手に頼らざるをえない情報選択や紛争処理の価格が相対的に上がるということだ。事実、インターネットに関する苦情処理をする「インターネット・ホットラインセンター」の業務量は年々倍増し、今年は二〇万件近くに達すると予想される。

こうした紛争処理を行政が行なうのは、表現の自由を侵害する危険があるばかりでなく、非効率だ。インターネットの紛争処理を民間でやる新しいビジネスが出てきてもいい。サイバースペースは「自由放任」で秩序が成立するユートピアではない。サイバースペースにふさわしい秩序が必要だが、サイバースペースには主権国家はないので、その秩序は実定法ではなく、コンピュータのコードによる自生的秩序しかない。

ここでもインターネットという魔物は地上に呼び出され、またたく間に世界を支配してしまったので、好むと好まざるとにかかわらず、後戻りは不可能である。たとえ国内で規制しても、国境を越えてあらゆる情報が飛び交い、中国のような全体主義国家をゆるがすばかりでなく、資本主義も変えてゆくだろう。「鎖国」政策によってこの魔物に抵抗することは可能だが、それは競争からの脱落を意味する。

市場メカニズムをコントロールする財産権や価格は、短期間に生まれてきたものではないし、どこの国でも守られているわけではない。サイバースペースの秩序も、これから一〇〇年ぐらいかけて徐々にできていくのかもしれない。

われわれはハイエクほど素朴に自生的秩序の勝利を信じることはできないが、おそらくそれが成立するよう努力する以外に選択肢はないだろう。

読書ガイド

本書で紹介したハイエクの主な著書・論文は、次の通り（春秋社刊の邦訳全集は一部未刊）。

1 "Reflections on the Pure Theory of Money of Mr. J.M. Keynes" [1931]
http://www.mises.org/story/2474

2 "The Errors of Constructivism" [1970] in 5

3 "The Pretence of Knowledge" [1974] in 5

4 "The Road from Serfdom" [1977] http://www.reason.com/news/show/33304.html

5 *New Studies in Philosophy, Politics, Economics, and the History of Ideas* [1978] Chicago University Press.

6 *The Fatal Conceit* [1988] Chicago University Press.

7 「経済学と知識」[1937]（12所収）

8 『隷従への道』[1944]（別巻）

9 「社会における知識の利用」[1945]（12・19所収）

10「競争の意味」[1946]（12・19所収）
11「『自由』な企業と競争秩序」[1948]（12所収）
12『個人主義と経済秩序』[1948]（全集第3巻）
13『感覚秩序』[1952]（第4巻）
14『自由の条件』[1960]（第5・6・7巻）
15「医学博士バーナード・マンデヴィル」[1966]（5・19所収）
16『法と立法と自由Ⅰ――ルールと秩序』[1973]（第8巻）
17『法と立法と自由Ⅱ――社会正義の幻想』[1976]（第9巻）
18『法と立法と自由Ⅲ――自由人の政治的秩序』[1979]（第10巻）
19『市場・知識・自由』[1986] ミネルヴァ書房
20『ハイエク、ハイエクを語る』[1994] 名古屋大学出版会

彼の主著は14だろうが、いま読んでおもしろいのは12である。手軽な入門書としては、19もよい。とくに9は必読である。これは歴史上、もっとも多く引用された経済学の論文の一つとしても知られている。彼の晩年のテーマだった法哲学については、16〜18にまとめられている。

ハイエクについての研究書は多いが、いま読んで参考になるものは意外に少ない。本書で引用し

た関連文献とともに列挙する。

1 Caldwell, B. [2004] *Hayek's Challenge*, Chicago University Press.

2 Feser, E. (ed.) [2006] *The Cambridge Companion to Hayek*, Cambridge University Press.

3 Gray, J. [1998] *Hayek on Liberty*, Routledge.

4 Keynes, J.M. [1937] "The General Theory of Employment", *Quarterly Journal of Economics*,
http://membres.lycos.fr/yannickperez/site/Keynes%201937.PDF

5 Kirzner, I.M. [1973] *Competition and Entreprenurship*, Chicago University Press.

6 Knight, F. [1921] *Risk, Uncertainty and Profit*, Chicago University Press.

7 Taleb, N.N. [2007] *The Black Swan*, Random House.

8 ケインズ [1926]「自由放任の終焉」(『貨幣改革論　若き日の信条』中央公論社)

9 J・コルナイ [2005]『コルナイ・ヤーノシュ自伝』日本評論社

10 A・シャンド [1990]『自由市場の道徳性』勁草書房

11 M・フーコー [1982]「主体と権力」『ミシェル・フーコー思考集成IX』筑摩書房

12 F・ブローデル [1979]『交換のはたらきI』みすず書房

13 M・ポラニー [1958]『個人的知識』ハーベスト社

14　M・ポラニー［1980］『自由の論理』ハーベスト社
15　K・メンガー［1883］『経済学の方法に関する研究』岩波文庫
16　山中優『ハイエクの政治思想』勁草書房、二〇〇七年
17　渡辺幹雄『ハイエクと現代リベラリズム』春秋社、二〇〇六年

1はハイエク全集の編者が書いた「知的伝記」だが、記述がオーストリア学派との関係などハイエクの前半生に片寄っている。3の初版（一九八六年）は、生前のハイエクが「私の思想をもっとも正確にわかりやすく解説した本」と認めたものだが、一九九八年の増補版では著者はかなりハイエクに批判的だ。10は、数少ないオーストリア学派についての解説書。日本人の書いた研究書としては、16がハイエクの中期から後期への思想的変化を手際よく整理している。

関連する文献をすべて列挙すると膨大になるので、これ以外の文献やURLなどは、サポート用ブログ http://hayek.cocolog-nifty.com/blog/ にリストアップした。

PHP新書

PHP INTERFACE
https://www.php.co.jp/

池田信夫［いけだ・のぶお］

1953年京都府生まれ。1978年東京大学経済学部を卒業後、NHKに入社。報道番組の制作に携わり、1993年に退社。1997年慶應義塾大学大学院政策・メディア研究科博士課程を中退し、同年国際大学グローバル・コミュニケーション・センター（GLOCOM）助教授。2000年GLOCOM教授、2001年経済産業研究所上席研究員を経て、現在は上武大学大学院経営管理研究科教授。学術博士（慶應義塾大学）。日本を代表する人気ブロガーとして積極的な言論活動を展開している。

主な著書に『情報技術と組織のアーキテクチャ』（NTT出版）、『電波利権』（新潮新書）、『ウェブは資本主義を超える』（日経BP社）、『過剰と破壊の経済学』（アスキー新書）などがある。

池田信夫 blog

http://blog.goo.ne.jp/ikedanobuo

ハイエク 知識社会の自由主義

（PHP新書 543）

二〇〇八年九月二日 第一版第一刷
二〇二一年八月十六日 第一版第五刷

著者――池田信夫
発行者――後藤淳一
発行所――株式会社PHP研究所
東京本部――〒135-8137 江東区豊洲5-6-52
第一制作部 ☎03-3520-9615（編集）
普及部 ☎03-3520-9630（販売）
京都本部――〒601-8411 京都市南区西九条北ノ内町11
組版――有限会社エヴリ・シンク
装幀者――芦澤泰偉＋児崎雅淑
印刷所
製本所――大日本印刷株式会社

ISBN978-4-569-69991-2

ＰＨＰ新書刊行にあたって

「繁栄を通じて平和と幸福を」（PEACE and HAPPINESS through PROSPERITY）の願いのもと、ＰＨＰ研究所が創設されて今年で五十周年を迎えます。その歩みは、日本人が先の戦争を乗り越え、並々ならぬ努力を続けて、今日の繁栄を築き上げてきた軌跡に重なります。

しかし、平和で豊かな生活を手にした現在、多くの日本人は、自分が何のために生きているのか、どのように生きていきたいのかを、見失いつつあるように思われます。そして、その間にも、日本国内や世界のみならず地球規模での大きな変化が日々生起し、解決すべき問題となって私たちのもとに押し寄せてきます。

このような時代に人生の確かな価値を見出し、生きる喜びに満ちあふれた社会を実現するために、いま何が求められているのでしょうか。それは、先達が培ってきた知恵を紡ぎ直すこと、その上で自分たち一人一人がおかれた現実と進むべき未来について丹念に考えていくこと以外にはありません。

その営みは、単なる知識に終わらない深い思索へ、そしてよく生きるための哲学への旅でもあります。弊所が創設五十周年を迎えましたのを機に、ＰＨＰ新書を創刊し、この新たな旅を読者と共に歩んでいきたいと思っています。多くの読者の共感と支援を心よりお願いいたします。

一九九六年十月

ＰＨＰ研究所

459 個人主義とは何か　西尾幹二
462 〈ポストモダン〉とは何だったのか　本上まもる
468 「人間嫌い」のルール　中島義道
470 世の中がわかる「○○主義」の基礎知識　吉岡友治
473 言葉はなぜ通じないのか　小浜逸郎
474 昭和の思想家67人　鷲田小彌太
490 マックス・ヴェーバーの哀しみ　羽入辰郎
492 自由をいかに守るか ハイエクを読み直す　渡部昇一
520 世界をつくった八大聖人　一条真也

［**政治・外交**］

172 政治の教室　橋爪大三郎
247 日本国憲法とは何か　八木秀次
277 勝つための情況判断学　松村 劭
302 イギリス政治はおもしろい　菊川智文
314 日本の総理学　中曽根康弘
318・319 憲法で読むアメリカ史（上・下）　阿川尚之
326 イギリスの情報外交　小谷 賢
329 名将たちの指揮と戦略　松村 劭
362 国家戦略からみた靖国問題　岡崎久彦
405 ニヒリズムの宰相 小泉純一郎論　御厨 貴
412 軟弱者の戦争論　由紀草一

413 歴代総理の通信簿　八幡和郎
426 日本人としてこれだけは知っておきたいこと　中西輝政
430 凜とした日本　古森義久
440 右であれ左であれ、わが祖国日本　船曳建夫
444 「日本封じ込め」の時代　原田武夫
457 この国を守るための外交戦略　岡崎久彦
494 地域主権型道州制　江口克彦
533 総理の辞め方　本田雅俊
534 経済人からみた日本国憲法　高坂節三

［**医療・健康**］

278 心臓は語る　南淵明宏
336 心の病は食事で治す　生田 哲
392 病気知らずのビタミン学　生田 哲
401 「脳力」をのばす！ 快適睡眠術　吉田たかよし
416 家族のための〈認知症〉入門　中島健二
420 お父さんはなぜ運動会で転ぶのか？　辻 秀一
456 インフォドラッグ 子どもの脳をあやつる情報　生田 哲
498 「まじめ」をやめれば病気にならない　安保 徹
499 空腹力　石原結實